MW00776927

Las claves
del hombre más rico
de Babilonia

KAREN McCREADIE

Las claves
del hombre más rico
de Babilonia

Una interpretación de 52 de sus brillantes ideas

EDICIONES OBELISCO

Si este libro le ha interesado y desea que le mantengamos informado de nuestras
publicaciones, escríbanos indicándonos qué temas son de su interés (Astrología,
Autoayuda, Ciencias Ocultas, Artes Marciales, Naturismo, Espiritualidad, Tradición...)
y gustosamente le complaceremos.

Puede consultar nuestro catálogo en www.edicionesobelisco.com

Colección
LAS CLAVES DEL HOMBRE MÁS RICO DE BABILONIA
Karen McCreadie
George S. Clason

1.ª edición: abril de 2014

Título original: *The George Clason's Richest Man in Babylon*

Traducción: *Esteve Gràcia*
Corrección: *M.ª Ángeles Olivera*
Diseño de cubierta: *Enrique Iborra*

© 2009, Infinite Ideas Limited
36 St Giles. Oxford OX1 3LD United Kingdom
(Reservados todos los derechos)
© 2014, Ediciones Obelisco, S. L.
(Reservados los derechos para la presente edición)

Edita: Ediciones Obelisco, S. L.
Pere IV, 78 (Edif. Pedro IV) 3.ª planta 5.ª puerta
08005 Barcelona - España
Tel. 93 309 85 25 - Fax 93 309 85 23
E-mail: info@edicionesobelisco.com

ISBN: 978-84-15968-50-4
Depósito Legal: B-6.749-2014

Printed in Spain

Impreso en España en los talleres gráficos de Romanyà/Valls S.A.
Verdaguer, 1 - 08786 Capellades (Barcelona)

Introducción

En 1926, George S. Clason publicó la primera de unas famosas series de panfletos sobre ahorro y éxito financiero, usando parábolas de la antigua Babilonia para dar a conocer su punto de vista. Se distribuyeron entre millones de personas y finalmente fueron publicadas juntas en *Las claves del hombre más rico de Babilonia*. Desde entonces se han vendido millones de copias y el libro se ha convertido en un inspirador clásico moderno.

Creo que es justo advertir que tal vez no quieras conocer los secretos que el libro desvela sobre la riqueza. A todas luces, *Las claves del hombre más rico de Babilonia* es la antítesis de la sociedad moderna. Si sientes predilección por las soluciones rápidas y por las filosofías de carácter mágico (aunque en el fondo sepas que no funcionan), entonces quizás te decepcionará. Si crees que trabajo es una palabra de siete letras y que la gratificación no inmediata es una disfunción sexual, entonces este libro no está indicado para ti.

Las claves del hombre más rico de Babilonia no ofrece soluciones inmediatas, aunque los métodos que se muestran para la liquidación de deudas, la generación de ingresos y la creación de riqueza sean tan válidos y aplicables hoy como lo eran hace más de 8.000 años en Babilonia. Y hay que destacar que esas personas tenían nociones sobre el dinero.

En las páginas de la historia no hay otra ciudad más glamurosa que Babilonia. Su nombre evoca imágenes de riqueza y esplendor, aunque estuviese localizada en una llanura a orillas del río Éufrates, en un árido valle. No había bosques, ni minas –tampoco piedras para la edificación–, pero a pesar de ello Babilonia se erigió en el desierto como un ejemplo excepcional de la habilidad humana para conseguir grandes logros a pesar de las circunstancias.

En ciertos aspectos, Babilonia se parecía a la moderna Dubai. Las localizaciones geográficas de ambos centros de riqueza no eran las mejores y, sin embargo, sus ingenios (y sus escasos recursos financieros) hicieron posible lo imposible –aunque la construcción de un mapa del mundo en el océano creando nuevas tierras para que los muy ricos puedan comprar su propio «país» sea un poco más ostentoso y, ciertamente, mucho menos práctico que los logros conseguidos por los babilonios.

Las expediciones arqueológicas financiadas por los museos europeos y americanos han descubierto que los babilonios eran gente educada e ilustrada. Tan lejos como alcanza la historia escrita, ellos fueron los primeros ingenieros, astrónomos, matemáticos, financieros y también el primer pueblo en poseer lenguaje escrito. La excavación de Babilonia ha desenterrado bibliotecas enteras con cientos de miles de tablas de arcilla grabadas que son la base de lo que conocemos hoy en día sobre los babilonios. Todavía hoy, sus logros desafían nuestras creencias.

Los muros que rodeaban Babilonia, por ejemplo, fueron descritos con una altura próxima a los cincuenta metros (equivalentes a un edificio de oficinas de quince plantas), con más de dieciocho kilómetros de longitud y una anchura suficiente para que un carro de seis caballos patrullase sobre ellos. Los muros interiores que protegían el palacio de la familia real eran aún más altos, y los sistemas de irrigación trasformaron el árido valle en un paraíso agrícola.

Los babilonios se convirtieron en hábiles comerciantes y financieros. Hasta donde sabemos, fueron quienes inventaron la moneda como sistema de intercambio, así como los pagarés y las escrituras de propiedad; así pues, ¿quién mejor que ellos para enseñarnos unas cuantas cosas sobre la riqueza?

Este libro tomará 52 de los temas más importantes e interesantes del original de Clason y les dará un giro actual para que podamos reconocer la relevancia, todavía vigente, de su consejo. Si os halláis en un apuro financiero y con el agua al cuello por las deudas, preocupados por vuestro futuro porque no tenéis escapatoria, o si tan sólo queréis encontrar el modo de recuperar el control sobre vuestro dinero, entonces los conocimientos contenidos en *Las claves del hombre más rico de Babilonia* os resultarán muy oportunos.

1. Que la rebeldía te lleve al cambio

En el capítulo inicial, «El hombre que deseaba oro», Clason nos relata la historia de Bansir, el fabricante de carros. Éste le cuenta a su amigo Kobbi que ha tenido un sueño en el que era un hombre rico. Pero «cuando desperté y recordé lo vacía que estaba mi bolsa, un sentimiento de rebeldía se apoderó de mí».

Este sentimiento de rebeldía es una potente fuerza de trasformación, y a menudo representa un punto de inflexión o un punto de no retorno. Bansir al final está enfadado; por último se ha dado cuenta de que, a pesar de los años de diligente servicio y duro trabajo, su bolsa sigue estando vacía y sin oro. Y es este sentimiento el que le impulsa hacia la trasformación financiera.

CONCEPTO CLAVE
Para cambiar nuestra propia vida tenemos que empezar inmediatamente y hacerlo de manera ostentosa. Sin excepciones.

WILLIAM JAMES
Psicólogo y filósofo

Éste es el mágico momento de la realización, cuando decimos basta. Algo debe cambiar y la única persona capaz de hacerlo eres tú. Muchos conferenciantes expertos en desarrollo personal abordan este tema, entre los cuales uno de los más famosos es Anthony Robbins. Éste habla de su propio punto de inflexión cuando se encontró a sí mismo deshecho con tan sólo veintidós años. Estaba viviendo en «un apartamento de soltero de 120 metros cuadrados y fregaba los platos en la bañera». Con sobrepeso y en la miseria, golpeó la pared —se dejó arrastrar por la rebeldía de la que hablaba Bansir– y se prometió a sí mismo que cambiaría las circunstancias que le rodeaban.

Y lo hizo. En la actualidad, Anthony Robbins regenta varios negocios muy prósperos, ayuda a algunas de las personas más poderosas del mundo, a sus seminarios asisten millones de individuos y es más rico de lo que muchos podrían llegar a imaginar.

Todo lo que hacemos se debe a alguna razón, que puede ser obtener algún placer o evitar el sufrimiento. El motivo por el que el punto de inflexión es tan importante es que siempre hacemos más para evitar el sufrimiento que para lograr placer. Esto resulta obvio cuando consideramos nuestro instinto de supervivencia. A veces, en los momentos más oscuros es cuando reaccionamos; el deseo de sobrevivir es tan extremadamente fuerte que nos obliga a luchar o a huir para salir del peligro y alejarnos del sufrimiento. Entonces si, como Bansir, has alcanzado tu propio punto de no retorno, vives un momento emocionante –el cambio ya se percibe en el ambiente.

Por desgracia, para muchas personas, las cosas no llegan nunca a este punto tan malo... Siempre recuerdo a una amiga que me hablaba de su relación: «No es suficientemente buena para continuar, pero tampoco lo bastante mala como para dejarla».

Con demasiada frecuencia no llegamos a la rebeldía, al punto de inflexión por los mismos motivos. La situación no es suficientemente mala –nos hallamos en la tierra de nadie de la inacción–. No hay placer, pero tampoco bastante sufrimiento para que motive el cambio. Si deseas trasformar tu suerte financiera, cuanto antes llegues al punto de inflexión, mejor.

Si tu posición financiera realmente no es tan mala pero tampoco se acerca a lo que desearías, entonces necesitas cierta motivación. Realiza la prueba de la mecedora. Imagínate a ti mismo con ochenta años hablándole a tu nieta de cinco años sobre todas las cosas que te arrepientes de no haber hecho. ¿Qué te hizo no aprovechar las oportunidades, cómo afectó esto a tus seres queridos? Usa estos sentimientos para animarte a actuar.

2. Dios los cría y ellos se juntan

Bansir está confundido por su situación y le explica a su amigo:

—Hemos ganado mucho dinero en el pasado [...]. Después de media vida de duro trabajo, tú, mi mejor amigo, tienes una bolsa vacía [...]. Admito que mi bolsa está tan vacía como la tuya. ¿Qué ha sucedido?

Parte del problema es éste, Dios los cría y ellos se juntan. Como seres humanos que somos, decidimos lo que es aceptable y «normal» observando a la gente que nos rodea. Esto significa que nuestros padres, profesores y amigos ejercen gran influencia sobre lo que creemos posible en nuestras vidas. Lo bueno de ello es que nos sentimos arropados. Lo malo es que si tratamos de romper lo que consideramos nuestro paradigma, inevitablemente encontraremos resistencia.

Existe un famoso experimento con monos que ilustra muy bien lo que acabamos de explicar. Unos científicos encerraron a muchos monos en un gran recinto. En el medio del cercado había un poste de madera con unos plátanos en su extremo superior. Cuando los monos intentaban atrapar los plátanos, se les propinaba un potente chorro de agua a presión. Aunque no sufrían ningún daño, obviamente no se trataba de una experiencia divertida, y al cabo de poco tiempo, los monos dejaron de intentar conseguir los plátanos.

CONCEPTO CLAVE
Éste es el consuelo del miserable, estar acompañado en sus aflicciones.

CERVANTES
Escritor español

Entonces sacaron a uno de primeros monos e introdujeron a otro nuevo individuo en el grupo. Aunque fue aceptado por los demás, tan pronto como descubrió los plátanos y se dirigió hacia ellos, el resto de los monos lo alejaron del poste –pese a no haber, entonces, ningún chorro de agua. Habían sido condicionados de manera negativa para que creyeran que si escalaban el poste sufrirían algún daño, por eso trataban de «salvar» al nuevo mono.

Pronto, el nuevo mono dejó de intentar escalar el poste. Poco a poco, los primeros monos fueron reemplazados uno a uno hasta que ninguno de los monos que quedó en el recinto había sido testigo o había sufrido el chorro de agua, y ninguno de ellos intentó subir al poste para obtener los plátanos.

Como estos monos, nosotros juzgamos lo que es posible según nuestro entorno. Si tienes deudas y tu familia y amigos también están endeudados, entonces la situación no debe ser tan mala, ¿no es cierto? En realidad sí lo es, pero es muy posible que si lo ves así e intentas cambiar tu situación, los que te rodean quieran «alejarte del poste». Esto se debe, en parte, a que no te quieren ver caer y también porque no quieren que tengas éxito –ellos también deberían cambiar–. Si llevas a cabo cualquier intento de alterar el *status quo* probablemente encontrarás algunas resistencias. Por desgracia, muy a menudo los que más nos quieren son los que más nos desalientan.

MI CONSEJO...

¿Qué es lo que piensan sobre el dinero tus seres más cercanos? Si no lo sabes, pregúntaselo. Te sorprenderá descubrir que te pareces mucho a ellos en lo que haces, en lo que gastas y en cuanto posees. Observa si ellos también quieren cambiar su situación y crear un club de Las claves del hombre más rico de Babilonia *para ayudaros los unos a los otros.*

3. El trabajo duro no garantiza riqueza

Bansir se lamenta:
—Desde el amanecer hasta que el ocaso me detiene, he trabajado para construir los mejores carruajes que nadie pueda hacer, con la esperanza de que algún día los dioses reconocerían la dignidad de mi obra y me recompensarían con gran prosperidad. Esto nunca ha sucedido. Al final, me he dado cuenta de que nunca lo harán.

En la escuela hemos aprendido que si trabajamos con ahínco y obtenemos buenos resultados en los exámenes tendremos un buen trabajo y todo nos saldrá a pedir de boca. Y puede que en el pasado esta idea fuese válida; de hecho, era bastante habitual el concepto de trabajo para toda la vida. Aunque esto no es exacto. El trabajo duro por sí solo no es un pase para obtener riqueza –y nunca lo ha sido.

Observemos el caso de Charles Goodyear. Su nombre es sinónimo de su innovación más importante –el neumático para vehículos–. Goodyear desarrolló el proceso de vulcanización, al trasformar la goma en un material con usos ilimitados. Fue un hombre de una inventiva brillante y defendió sus ideas con determinación y con pasión, a pesar de que el trabajo duro y su ingenio no le hicieron rico. En efecto, durante algún tiempo él y su familia vivieron en una de sus fracasadas fábri-

CONCEPTO CLAVE
Cuando alguien te diga que se ha enriquecido gracias al trabajo duro, pregúntale: «¿De quién?».

DON MARQUIS
Escritor

cas de goma en Staten Island, comiendo lo que podían pescar en el río. A pesar de la innegable contribución de Goodyear al mundo, nunca sacó provecho económico de ello. Fue, en todos los sentidos, un chico desafortunado, y claramente no fue bueno en los negocios, siguiendo la importante máxima filosófica que describe este hecho: «La vida no puede sólo valorarse con dólares y centavos. No estoy dispuesto a aceptar el hecho de que yo haya sembrado para que otros obtengan los frutos. Un hombre sólo tiene motivos para quejarse cuando siembra y nadie recolecta».

Y, sin embargo, lo que ganes no es un indicador de tu potencial para acumular riqueza. Hay chóferes de camión y limpiadores de oficina que poco a poco han acumulado una fortuna usando las técnicas acuñadas en Babilonia hace más de 8.000 años. También hay corredores de bolsa de altos vuelos, con millones de libras en bonos, que viven muy por encima de sus posibilidades pero que están mucho peor que en la quiebra, por lo que la cantidad de dinero que se gane también es irrelevante.

Desde el momento en el que tienes ingresos o un modo de obtener dinero, también tienes la posibilidad de crear riqueza. El trabajo duro sin saber qué hacer con las ganancias es tan inútil como la pereza. Debes ser ingenioso al decidir lo que harás con tus ingresos –con independencia de lo cuantiosos que sean–. De otro modo te darás cuenta, como Bansir, de que has estado trabajando «año tras año viviendo una vida de esclavo. ¡Trabajando, trabajando, trabajando! Para llegar a ninguna parte...».

El mundo no nos debe la vida. Tenemos que hacernos cargo de nuestro dinero.

MI CONSEJO...

Si has estado trabajando duro y te preguntas adónde ha ido a parar todo, averígualo. Examina el mes anterior y calcula en qué te has gastado tu sueldo. No tiene sentido trabajar como un negro si el dinero que ganas se te escapa de las manos. Primero haz una estimación de lo que has gastado en distintas cosas y luego calcúlalo basándote en la realidad.

4. Busca consejos sabios

Al ser consciente de la futilidad de su situación, en un primer momento, Kobbi sugiere:

—¿Por qué no vemos cómo otros han conseguido su oro y hacemos nosotros lo mismo? Entonces, los dos amigos deciden visitar a su viejo amigo Arkad, el hombre más rico de Babilonia. Al fin y al cabo, «no cuesta nada pedir consejos sabios...».

De acuerdo con el Dr. Morris Massey, sociólogo, pasamos por tres importantes etapas de desarrollo, gracias a las cuales nos convertimos en jóvenes adultos. Desde el nacimiento hasta los siete años vivimos la «etapa de impronta» –éste es el momento en el que absorbemos toda la información de nuestro entorno y adoptamos los rasgos de nuestros padres o tutores–. Después, llega la «etapa de modelación» y durante los siguientes siete años buscamos modelos de los que aprender fuera de nuestro entorno. Éste es el período en el que colgamos pósters de superhéroes en nuestras paredes y nos fijamos en leyendas del rock y en personajes a los que queremos imitar. De los catorce a los veintiún años, finalmente cruzamos la «etapa de socialización», en la que ponemos a prueba los límites que tenemos establecidos y averiguamos qué es lo que nos gusta.

CONCEPTO CLAVE

Muy pocos hombres son sabios por su propio consejo o se han instruido siendo sus propios maestros. Porque aquel que sólo ha sido autodidacta ha tenido un tonto como maestro.

BEN JONSON
Dramaturgo

19

La etapa de modelación es una parte extremadamente importante de nuestra evolución –y, sin embargo, cuando nos convertimos en adultos dejamos de usar esta fuente de conocimiento–. En el deporte, la idea de buscar un entrenador, alguien que haya ayudado a otros a conseguir sus deseos, o que haya logrado los objetivos marcados está bien visto; sin embargo, no es tan sencillo de aplicar a la creación de riqueza.

Cuando Andrew Carnegie sugirió que Napoleon Hill dedicara su vida a entender la clave del éxito y a crear una filosofía que otros pudiesen seguir para obtener resultados, ¿qué hizo? ¿Lo mandó a una biblioteca? ¿Le animó a entrar en el mundo de los negocios para ver qué sucedía? No. Le proporcionó mentores para que encontrase en ellos sabios consejos. Hill pudo acceder, como nunca hasta la fecha, a los hombres más brillantes, poderosos y ricos de la época y pudo conocer de primera mano cómo hicieron lo que hicieron. Se entrevistó con más de cuarenta destacados personajes, incluido Henry Ford, Theodore Roosevelt, John D. Rockefeller, Thomas Edison F. W. Woolworth.

Con su perspicacia y sus conocimientos, Hill pudo sintetizar la filosofía del éxito y escribir el mejor libro sobre desarrollo personal que jamás se había escrito, *Piense y hágase rico*.

El modo más rápido de aprender cualquier cosa es hacerlo con alguien que domine con maestría la habilidad que buscamos. Te sorprenderá comprobar que muchas personas «con una gran experiencia estarán siempre dispuestas a ofrecer gratis su sabiduría y sus consejos» cuando se los solicites.

MI CONSEJO...

¿A quién conoces que resida en tu zona que sea rico o acomodado? Mucha gente se siente halagada cuando le pides consejo. Contacta con ellos mediante carta o personalmente e invítalos a un almuerzo a cambio de algunos consejos sobre cómo lograr el éxito. El ego es algo poderoso...

5. ¡La satisfacción del ingreso residual!

—Ingresos, ésta es la cuestión –dijo Bansir–. Desearía encontrar una fuente de ingresos constante que llenara mi bolsa mientras me tumbo a la sombra de un muro o viajo por tierras lejanas. Bansir está admirado de los ingresos que Arkad recibe, con independencia de si trabaja o no, y quiere saber cómo conseguir lo mismo.

Cuando se trata de crear riqueza, los ingresos residuales son el Santo Grial. Todos soñamos con tener una profesión o poseer un negocio que genere dinero, sin tener en cuenta si estamos en la oficina, si andamos en pijama o si estamos tumbados en una playa de Acapulco.

Cada año sentimos envidia de Noddy Holder y de los discípulos de Slade, quienes probablemente han ganado más dinero con «So here it is, Merry Christmas» que con el resto de su repertorio, y seguramente también George Michael sigue haciendo su agosto con «Last Christmas». ¿Y qué decir de autores como J. K. Rowling y Stephen King, que continúan recibiendo ingresos por *royalties* mucho después de escribir la última palabra de sus bestsellers?

Entonces, ¿cómo puedes obtener ingresos residuales? De acuerdo con el gurú de la creación de riqueza, el escritor Robert Kiyosaki, sólo existen básicamente dos vías: obtener ingresos mediante inversiones o mediante un negocio. En su

> **CONCEPTO CLAVE**
> *Se necesita mucha más imaginación para generar deudas que para generar ingresos.*
>
> LEONARD ORR
> *Escritor*

libro *El cuadrante del flujo de dinero*, Kiyosaki afirma que hay cuatro modos de generar ingresos:

- E – empleo
- A – autoempleo
- N – negocio
- I – inversiones

Kiyosaki arguye que si eres un empleado por cuenta ajena te hallas en la peor situación. El gobierno toma su parte antes de que puedas tocar tu dinero, por lo que la cantidad que puedes invertir para crear más riqueza se ve inmediatamente limitada. Para alguien que trabaje por su cuenta la situación no es mucho mejor –en especial si, como les ocurre a muchos de los que deciden trabajar para sí mismos se termina trabajando más y con jornadas más largas por menos dinero del que ganaban antes.

El modo más rápido de conseguir independencia económica es creando un negocio rentable y eficiente que trabaje por nosotros tanto si nos involucramos de manera directa como si no lo hacemos. Sin embargo, esto no es tan sencillo de conseguir como podría parecer a simple vista. Y, por último, con las inversiones se trata de encontrar el modo de que el dinero que ganas rinda más y cree ingresos adicionales. Pero tener ingresos es la clave; en primer lugar, ganar dinero es importante. Sólo así puedes invertir algo de lo que ganas en el futuro para multiplicar tus ahorros poco a poco.

Arkad fue el hombre más rico de Babilonia porque entendió la naturaleza del dinero y la necesidad de lograr que una parte de lo que ganas –sin importar cuanto sea– trabaje para ti. Ésta fue la estrategia que le convirtió en un hombre rico. Y ésta es la estrategia que puedes seguir, con independencia de si trabajas para otros, para ti mismo o si posees tu propio negocio.

6. Consigues aquello en lo que te centras

Kobbi está emocionado con la idea de visitar a Arkad y pedirle consejo sobre cómo acumular riqueza. Con gran perspicacia, admite:

—Me has hecho comprender algo nuevo. Soy consciente del motivo por el que nunca hemos encontrado el modo de ser ricos: nunca lo hemos intentado.

Bansir «ha trabajado pacientemente para construir los carros más firmes de Babilonia»; Kobbi se ha esforzado por «convertirse en un hábil músico de lira». Sus mejores esfuerzos se concentraron en obtener el éxito en sus respectivos campos, y no en acumular riqueza mediante sus habilidades. Éste es un error común.

En 2004, los premios Ig Nobel de psicología –por logros que primero «hacen reír y después pensar»– fueron a parar a manos de Daniel Simons, de la Universidad de Illinois, y Christopher Chabris, de Harvard, por un fascinante estudio que ilustra el poder de la concentración. Pidieron a un grupo de personas que visualizasen un vídeo de un juego con una pelota de baloncesto, y que mientras lo hacían contasen los pases que se realizaban hacia uno de los lados –les dijeron en qué debían concentrarse–. Durante la emisión del vídeo, alguien disfrazado de

25

gorila caminaba por el medio del círculo que los jugadores habían creado, y durante siete largos segundos deambulaba entre ellos. En un determinado momento, el gorila se volvía hacia la cámara y se golpeaba el pecho. Cuando más tarde se preguntó sobre el vídeo a los participantes en el experimento, menos de la mitad de ellos habían visto al gorila. ¿Por qué? Porque estaban concentrados contando los pases y no vieron nada más –incluido el gorila.

Lo mismo ocurre en la vida. Estamos tan ocupados tratando de hacer bien nuestro trabajo que olvidamos prestar atención a los frutos que se obtienen con él. En parte se debe a que nunca nos han enseñado a concentrarnos en el dinero.

Uno de los caprichos de la vida es que algunas de las cuestiones más valiosas que deberíamos conocer para alcanzar el éxito no se encuentran en el plan de estudio escolar. Estamos en cierto modo preparados para el mundo laboral en cuanto que podemos contar, escribir y comunicar hasta cierto punto, pero no estamos listos para los resultados de este trabajo. O poseemos guías sobre cómo gestionar el dinero y cómo acumular y generar riqueza para poder vivir tanto nosotros como nuestras familias. No prestamos atención al manejo del dinero en ningún momento de nuestra educación formal. Si lo hiciésemos, no existirían contables con deudas.

Si quieres cambiar tu suerte financiera debes convertirla en tu prioridad y concentrarte en los resultados. Kobbi nos recuerda:

–Ahora, al fin, hemos visto una luz, tan brillante como un rayo de sol. Nos obliga a aprender más cosas sobre cómo prosperar más.

Haz una lista de todas las cosas en las que hayas perdido el tiempo (tanto haciéndolas como pensándolas) durante la última semana. Echa un vistazo a lo que ha acaparado tu tiempo y hacia dónde has dirigido tu atención. ¿Hay algo que te conduzca a acumular dinero y a conseguir seguridad económica?

7. La fortuna caprichosa no te hará rico

Bansir y Kobbi se encuentran a Arkad y están entusiasmados por conocer el «secreto» que les ha distanciado de la fortuna. ¿Fue cuestión de suerte? Arkad advierte:
—«La Fortuna Caprichosa» es una una diosa cruel que no proporciona una riqueza permanente a nadie. Al contrario, acarrea la ruina a la mayoría de hombres sobre los que ha gratificado con un oro inmerecido.

Como Bansir y Kobbi, a menudo atribuimos desesperadamente el éxito a factores que escapan a nuestro control. La acumulación de dinero no depende de los contactos, de la riqueza que se posea, de los antecedentes, de las habilidades, de la inteligencia o de cualquier otra de las muchas excusas que podamos encontrar. No es una cuestión de suerte. Se debe, como recuerda Arkad a sus amigos, «a que no habéis logrado aprender las leyes que rigen la creación de riqueza, o a que no las habéis observado».

CONCEPTO CLAVE
Los tontos pierden su dinero con rapidez.

PROVERBIO

Cuando se trata de la «Fortuna Caprichosa», sólo tenemos que echar un vistazo a los ganadores de la lotería. ¿Han tenido suerte? ¿Ganar una enorme suma de dinero que te cambia la vida te sitúa en una posición feliz, segura y rica? En principio no.

Aunque sea difícil proporcionar estadísticas verídicas sobre cuántos ganadores de lotería han terminado panza arriba, se cree que las cifras son altas.

Si recurrimos a un buscador de Internet, escribimos «personas que han ganado un premio de la lotería y lo han perdido todo» y navegamos entre algunas de las más de 178.000 páginas web consideradas relevantes para el tema, hallaremos la misma historia repetida en cualquier punto del planeta.

El caso es más o menos similar. Ganas millones en la lotería, lo celebras, dejas tu trabajo, compras un gran número de juguetes caros, una mansión (lo más probable es que te compres una en tu país y otra en el extranjero), te vas seis meses de vacaciones, volando en primera clase y alojándote en hoteles de cinco estrellas, prestas algo de dinero a amigos y familiares si todavía te hablan, te acosa gente que no conoces o que no habías visto desde la guardería... y todo para despertar una mañana, pocos años después, no sólo arruinado, sino con deudas millonarias.

Tomemos como ejemplo el caso de John McGuinness. En 1996, ganó 10.055.900 libras en una lotería británica con un premio de 40 millones de libras. En ese momento estaba ganando tan sólo 150 libras a la semana y dormía en el suelo de casa de sus padres después de haberse divorciado de su primera esposa. Bendito de él, que ¡dio 3 millones a su familia y 750.000 libras a su exmujer! Se compró un Ferrari Modena Spyder por 140.000 libras y otros cinco automóviles exclusivos. Se relajó en un crucero por el Caribe, compró una villa en Mallorca y se gastó 200.000 libras en contraer matrimonio de nuevo con su segunda esposa. En febrero de 2008, estaba buscando una casa de protección oficial en Escocia y tenía una deuda de 2,1 millones de libras. Y John McGuinness no es una excepción.

Arkad nos recuerda que el dinero fácil es, en realidad, un falso dios.

—Produce malgastadores desenfrenados, que pronto pierden todo lo que tienen y que siguen viéndose acosados por apetitos y deseos abrumadores que no pueden satisfacer.

29

Olvida las loterías, y en su lugar, usa el dinero que gastarías en boletos para liquidar deudas o acumular riqueza. Sí, es cierto que «para ganar hay que jugar», pero la inmensa mayoría no gana más que cantidades insignificantes.

8. El efecto del tío Gilito

Arkad advierte sobre la Fortuna:

—Sin embargo, otros a los que favorece se vuelven miserables y atesoran su riqueza con el miedo de gastar lo que tienen, sabiendo que no poseen la habilidad de reemplazarla. Además, el miedo a los ladrones los acecha y los condena a vidas de vacío y miseria secreta.

Cuando la Dama de la Suerte brilla sobre alguien hace que éste pierda su ganancia inesperada y le conduce a una situación peor de la que tenía al empezar. A otros los convierte en miserables –torturados por la idea de perder lo que poseen.

CONCEPTO CLAVE
Sé tu propio palacio o el mundo será tu jaula.

JOHN DONNE

El problema con ganar dinero de una sola vez, o a veces heredarlo, es que éste no se ha logrado mediante algo que el agraciado haya hecho. Su llegada estaba fuera de su control, y si desapareciese no habría ningún modo de reemplazarlo.

Por otro lado, el dinero acumulado mediante una actividad consciente sitúa a una persona firmemente al frente de las riendas de su destino. No existe el miedo a que algo pueda suceder y que cause su pérdida, porque en el caso de que eso ocurriera sabría cómo conseguirlo de nuevo.

Centrémonos en Gerald Ratner, por ejemplo. Formó parte del negocio familiar a los quince años, justo al terminar la escuela, y revolucionó la industria de la joyería minorista.

Ratner facturó 1.200 millones de libras en ventas y fue un hombre muy rico. Entonces pronunció una famosa conferencia. En 1991, ante 6.000 hombres de negocios, hizo una broma sobre el hecho de que los pendientes Ratner fuesen «más baratos que un sándwich de gambas de M&S, pero que probablemente no durasen tanto». Y añadió:

—También fabricamos decantadores de jerez de cristal tallado con un juego completo de seis vasos en una bandeja bañada en plata, en los que vuestros mayordomos os pueden servir bebidas, todo por 4,95 libras. La gente dice «¿Cómo podéis vender todo esto a un precio tan bajo?», y yo les respondo «Porque es una completa mierda».

Recibió una ovación del público, que se puso en pie, y había hecho bromas semejantes con anterioridad –sólo que en las demás ocasiones no había ningún periodista de medios sensacionalistas entre su público–. Sus declaraciones sobre sus propios productos tuvieron una gran publicidad.

En el momento de realizar sus desafortunadas declaraciones, Ratner era la mayor joyería minorista del mundo, con beneficios que superaban los 120 millones de libras. La metedura de pata de Gerald Ratner tuvo un impacto sobre el mercado, estimado en unas pérdidas de 500 millones de libras en el valor de las acciones de la compañía, y fue obligado a abandonar el negocio. Lo perdió todo. Fue despedido del único trabajo que había tenido, y su reputación, antes buena, quedó hecha jirones.

Pero Gerald Ratner es un hombre muy inteligente –aunque sus frívolos comentarios indicasen lo contrario–. A pesar de pasar por una etapa muy difícil, al final consiguió volver a generar la riqueza que había perdido. Su habilidad y su determinación como hombre de negocios fueron suficientes, a pesar de lo que la «Fortuna Caprichosa» arrojó sobre él; fue suficientemente fuerte, inteligente y capaz como para conseguir de nuevo una gran fortuna.

MI CONSEJO...

Existe un dicho: «Si crees que la educación es cara, prueba con la ignorancia». Si crees que la falta de formación en finanzas te está perjudicando, rectifica la situación. Asiste a clases nocturnas que puedan proporcionarte las nociones básicas de contabilidad y gestión financiera, o acércate a la biblioteca pública. Invierte un poco de tiempo en aprender más.

9. Primera lección: antes págate a ti mismo

Arkad relata a sus amigos la primera lección que aprendió sobre la riqueza:

—Una parte de todo lo que ganas es para guardarlo. No debe ser menos de una décima parte, sin importar lo poco que ganes. Y puede ser tanto como te puedas permitir. Primero, págate a ti mismo.

Arkad añade: —No compres al sastre y al zapatero más de lo que puedas pagar con el resto y conserva lo necesario para comida, caridad y ofrendas a los dioses.

La idea es sencilla: por cada euro que pase por tus manos, reserva el 10 % y ponlo en un lugar seguro, para las exigencias de los días grises. Entonces, y sólo entonces, paga tus facturas y gasta tus ganancias en lo que desees. Es lo contrario al proceso que se suele seguir. Gastamos todo lo que ganamos, compramos todo lo que nuestra fantasía pueda imaginar y pedimos prestado algo más del 10 % si no nos alcanza para todo ello. Olvidamos los días grises y casi nunca nos queda nada para poder ahorrar. Efectivamente, pagamos al final, y cuando lo hacemos.

CONCEPTO CLAVE
El hombre ahorrador se convierte en un hombre libre.

PROVERBIO CHINO

La idea de ahorrar el 10 % a veces se asocia a los donativos religiosos en los lugares donde la gente destinaba un diezmo de sus ingresos a la Iglesia o al templo. «Diezmo» es el antiguo término con el que se designaba la «décima parte», y era una contribución voluntaria a una causa elegida. Si esta práctica permite o no obtener puntos para entrar en el cielo está abierto a valoraciones; sin embargo, es un método probado para acumular riqueza (para ti mismo o para la Iglesia).

La riqueza puede ser alimentada tanto en la mente como en el bolsillo. La idea de pagarte a ti mismo es el principio fundamental de la creación de riqueza que ha sido repetido hasta la saciedad por todos los gurús de las inversiones y por todos y cada uno de los expertos financieros desde que fue grabado por primera vez en una tabla de arcilla en Babilonia.

Ahorrar nos enseña autodisciplina. Si adquieres la rutina de ahorrar una parte de tus ingresos, aprendes a limitar tus deseos –y eso también te hace sentir bien al ver cómo, progresivamente, lo poco se convierte en mucho–. Sin embargo, con demasiada frecuencia caemos seducidos por los brillantes tacones rojos del zapatero o por lo último en vestidos nuevos del sastre, que «debemos tener», y en lugar de ahorrar gastamos todo lo que ganamos y algo más.

«La riqueza, como un árbol, crece a partir de una diminuta semilla. El primer cobre que ahorras es la semilla a partir de la cual puede crecer tu árbol de la riqueza. Cuanto antes siembres la semilla antes podrá crecer el árbol. Y cuanto con más frecuencia lo alimentes y lo riegues con sólidos ahorros, antes podrás disfrutar de su agradable sombra».

MI CONSEJO...

Abre una cuenta especial HMRB (Hombre Más Rico de Babilonia) y realiza una transferencia desde la cuenta en la que recibes tus ganancias. Transfiere automáticamente cada mes el 10 % de tus ingresos. Si no ganas lo mismo cada mes, deposita el 10 % tú mismo. No toques el dinero de tu cuenta HMRB bajo ninguna circunstancia.

---

10. Busca un consejo sabio
¡de las personas adecuadas!

–**Cualquier tonto puede aprender –refunfuñó–, pero, ¿por qué confiamos el conocimiento sobre joyas a un fabricante de ladrillos? ¿Preguntaríais al panadero sobre las estrellas? No, por mi túnica que acudiríais al astrólogo si tuvieseis capacidad para pensar. Vuestros ahorros se han desvanecido...**

Tan pronto como Bansir y Kobbi recibieron el sabio consejo de Arkad, acudieron a un rico prestamista llamado Algamish en busca de las mismas recomenda-

> **CONCEPTO CLAVE**
> *Nunca creas el consejo de un hombre en dificultades.*
>
> ESOPO

ciones. Arkad había seguido al pie de la letra el consejo de su mentor y había ahorrado el 10 % de todas sus ganancias. Pero al buscar un buen lugar para esos ahorros había confiado en el asesoramiento de alguien que no era un experto y lo perdió todo.

Si quieres crear riqueza, debes elegir con cuidado quién te puede aconsejar. Con demasiada frecuencia compartimos nuestros sueños con nuestros amigos y familiares sólo para ser quemados en la hoguera. Permitimos que la opinión de otros tenga influencia sobre nuestras decisiones con mucha facilidad, y hacemos caso de consejos de personas que de ningún modo están cualificadas para darlo. Arkad aprendió la cruda realidad al creer que un fabricante de ladrillos era capaz de crear buenas joyas. Pero el hombre no sabía nada sobre joyas, y aunque tenía la mejor de las intenciones, los ahorros de Arkad se desvanecieron.

Conseguir el consejo correcto es esencial, y merece la pena estar dispuestos a pagar un poco más por el mejor de ellos.

Recuerdo cuando vivía en Sídney y me dediqué a escribir como profesional durante cerca de un año. Fui a ver a mi contable para que preparara mi declaración de la renta, ¡y el importe de la misma me hizo llorar! Decidí pedir una segunda opinión, y un amigo, que también era escritor, me recomendó a su contable, que además estaba acostumbrado a trabajar con escritores y que posiblemente me proporcionaría un mejor asesoramiento. Concerté una cita y le mostré el borrador de mi declaración. Le llevó menos de cinco segundos hallar el error. La profesión de escritor es una de las pocas que permiten hacer un promedio de los beneficios entre un determinado número de años para tener en cuenta las inevitables fluctuaciones. Mi antiguo contable no lo sabía o, si lo sabía, no se acordó de aplicarlo. Y aunque mi nuevo contable me cobró el 25 % más por sus honorarios, redujo legalmente mi deuda tributaria más del 60 %.

La información no tiene precio: no dispones de tiempo para ser un experto en todas las habilidades y áreas necesarias para crear riqueza, por lo que debes confiar en alguien tarde o temprano.

Un buen profesional te ahorra tiempo, te hace ganar dinero y también te educará durante el proceso.

La advertencia es simple, y merece la pena recordarla. «El consejo es algo que se da gratis. Pero asegúrate de tomar sólo el que valga la pena».

MI CONSEJO...

Cuando necesites asesoramiento sobre algo, detente y piensa quién es el que está más capacitado para darte un consejo. Si no pedirías a tu amigo, que se ha divorciado tres veces, que te asesore sobre relaciones, entonces ¿por qué hacer caso al consejo financiero de gente en igual o peor situación que la tuya? Si no conoces a nadie, entonces busca un buen profesional y paga por ello.

11. Determinación del propósito

«¿Acaso no probé durante cuatro años la determinación de mi propósito [...]? ¿Llamaríais afortunado a un pescador que durante muchos años haya estudiado los hábitos de los peces para que, incluso con viento cambiante, pudiera echar sus redes sobre ellos? La Oportunidad es una diosa arrogante que no pierde el tiempo con aquellos que no están preparados».

Es fácil mirar a las personas que han tenido éxito y creer que sólo tuvieron buena suerte. Pero, invariablemente, tras la fachada de «un triunfo conseguido de la noche a la mañana», existe un compromiso inquebrantable y la determinación de un propósito que empuja a la gente con éxito a hacer lo que haga falta para lograr su objetivo de prosperidad económica.

CONCEPTO CLAVE
Los ganadores son gente determinada a cumplir su propósito en la vida.

DENIS WAITLEY
Conferenciante y escritor

Cuando se trata de compromisos inquebrantables, George Sampson puede que no sea un nombre que nos venga de inmediato a la mente. En el momento de escribir estas líneas, era un bailarín callejero de la ciudad de Manchester que, con catorce años, competía en el espectáculo televisivo para talentos *Britain's Got Talent*. Lo que le hace tan especial es que entró en el concurso en 2007 y fue expulsado antes de las semifinales. Pero nunca se rindió; aceptó las críticas que recibió durante el concurso y participó de nuevo en él en 2008. En ese tiempo había crecido más de 12 centímetros y estaba más determinado que nunca a lograr su sueño. Baila en las calles para conseguir dinero para pagar sus clases y practica al menos cuatro horas al día. Su actuación en la final fue espléndida y ganó el concurso contra una dura competencia. La Oportunidad puede ser una diosa arrogante, pero brilló sobre George Sampson simplemente porque estaba preparado. Desempeñó el papel de su joven vida y mereció todo el éxito conseguido.

Tanto si tu sueño es convertirte en un bailarín famoso como liberarte de las preocupaciones económicas, debes hacer que tu objetivo sea tu propósito más determinado y rechazar cualquier cosa que pueda desviarte de tu camino.

Para reforzar este punto, considera lo siguiente. En su libro *Como un hombre piensa, así es su vida*, James Allen nos dice: «Aquellos que no tienen un propósito central en su vida son una presa fácil de un buen número de preocupaciones, miedos, problemas, y de la autocompasión, lo cual les conduce, como si hubieran planeado de un modo seguro y deliberado, hacia su propio fracaso, infelicidad y perdición. Un hombre debe concebir un propósito legítimo en su corazón y plantearse lograrlo. Tiene que convertir este propósito en su máximo deber, y se debe dedicar a conseguirlo sin permitir que sus pensamientos se alejen divagando entre efímeras fantasías, anhelos e imaginaciones».

Una acción errática hacia tu meta producirá un resultado errático. Arkad nos recuerda lo siguiente: «El poder de la voluntad no es otro que el firme propósito de llevar a cabo una tarea que te has impuesto a ti mismo hasta su plena realización. Si me impongo una tarea, por insignificante que sea, tendré que llevarla a cabo. ¿De qué otro modo puedo confiar en mí mismo para realizar cosas importantes?».

MI CONSEJO...

¿Qué es lo más importante que deseas lograr? Si estás leyendo este libro, entonces creo que quieres conseguir más dinero o liberarte de tus deudas. Sea lo que sea, decide tu objetivo y recuérdatelo cada día tan pronto como te levantes de la cama. Dirige todo lo que hagas para lograr tu objetivo.

12. La disciplina y la constancia son la clave

«**Durante cien días [...] recojo una piedra y la arrojo a la corriente. Si el séptimo día pasara de largo sin recordarlo, no podría decirme a mí mismo: "Mañana recogeré dos piedras y estaré en paz". En lugar de eso, volvería sobre mis pasos y recogería el guijarro**».

Aquí, Arkad remarca la importancia de la acción disciplinada y firme cuando se trata de lograr los objetivos que nos hemos fijado en la vida –especialmente crear riqueza–. Si decides mejorar tu situación económica y adoptas el hábito de ahorrar una décima parte de todo lo que ganas, todo el trabajo bien hecho se arruinará tan pronto como metas la mano en tus ahorros, inviertas de manera imprudente o tan sólo decidas romper la norma.

CONCEPTO CLAVE

Algunas personas consideran la disciplina como una obligación. Para mí, es un tipo de orden que me hace libre para volar.

JULIE ANDREWS

Arkad sigue diciendo:

—Tampoco el vigésimo día podría decirme a mí mismo: «Arkad, esto es inútil. ¿De qué te sirve recoger una piedra cada día? Tira un puñado de golpe y termina de una vez». No, no podría decirlo, ni hacerlo. Cuando me impongo una tarea, la concluyo.

Es esta disciplina en la constancia de hacer lo que tu mente te impone lo que separa el éxito del fracaso. Curiosamente, poca gente reconoce el vínculo inseparable que existe entre la falta de disciplina y el fracaso. La mayoría ve este último como si se tratara de un acontecimiento estremecedor, como cuando una empresa entra en bancarrota o una casa es embargada. Pero como Jim Rohn apunta en su libro *Siete estrategias para alcanzar riqueza y felicidad*, no es así como ocurren los fracasos: «El fracaso en raras ocasiones es el resultado de un acontecimiento aislado. Más bien es la consecuencia de una larga lista de pequeños fracasos acumulados, los cuales ocurren como resultado de una disciplina demasiado relajada».

Es posible observar claramente el poder de una acción constante y un esfuerzo disciplinado en otra área de vital importancia: la salud. Las bases de datos de los gimnasios de todo el mundo están repletas de miembros que se enfundan en lycra con muy buenas intenciones, pero poco más. Después de Navidad, nuestras intenciones de realizar cinco sesiones de gimnasia semanales se reducen a una sola (si somos afortunados) en la que pretendemos «lanzar un puñado de golpe y terminar de una vez», para quedar agotados sobre la cinta para correr. Aunque los mejores consejos adviertan de que el ejercicio breve, frecuente y constante es mucho más saludable que realizar un gran esfuerzo esporádico. Así pues, treinta minutos de ejercicios regulares son infinitamente más beneficiosos que una hora y media de auténtico infierno...

Si alguna vez realizas mucho ejercicio, también descubrirás con cuánta facilidad se pierde la forma física cuando decides tomarte algunas noches libres. La salud, como la riqueza, es algo que se construye con el tiempo. No ocurre de la noche a la mañana, y requiere un esfuerzo constante. Clason nos recuerda, mediante la historia de Arkad, que «la riqueza crece dondequiera que los hombres pongan sus energías».

Fíjate en los movimientos de tu tarjeta de crédito de los últimos seis meses. ¿Son una «larga lista de pequeños fracasos acumulados que tienen lugar como resultado de una disciplina demasiado relajada» (el objeto aún sin estrenar que «debías» poseer o los zapatos que nunca te pondrás)? ¿Conseguiste enriquecer tu vida adquiriéndolos? ¿No? Entonces es posible que necesites reconciliarte con la disciplina.

13. Si es demasiado bueno para ser cierto probablemente lo sea

Una vez hayas acumulado beneficios, debes «aprender a hacer que tu tesoro trabaje para ti. Hazle engendrar hijos, y que los hijos de sus hijos trabajen para ti». Pero cuidado, «los intereses de los usureros son engañosos cantos de sirena que atraen a los imprudentes hacia las rocas de la perdición y los remordimientos».

Hablando de «las rocas de la perdición y los remordimientos», para la mayoría de los británicos, las noticias sobre Northern Rock, el quinto proveedor de servicios hipotecarios del Reino Unido que tenía dificultades en septiembre de 2007, fueron las que les permitieron conocer el término *sub-prime* –o alguna de sus consecuencias.

Northern Rock pidió un rescate al Banco de Inglaterra porque los préstamos interbancarios habían cesado debido a que las finanzas mundiales se preparaban para afrontar las consecuencias del problema de los préstamos *sub-prime* de Estados Unidos (un mercado en el que Northern Rock estaba muy involucrado). Tradicionalmente, las hipotecas se financiaban con los depósitos de los clientes. Esto, por supuesto, limitaba el número de personas a las que

CONCEPTO CLAVE

Del mismo modo en que caen los precios de las casas, un gran número de locuras financieras están expuestas a lo mismo. Sólo debes saber quién ha estado nadando desnudo cuando baja la marea –y cuáles de nuestras mayores instituciones financieras ofrecen un desagradable espectáculo.

WARREN BUFFETT

los bancos podían conceder créditos. Pero una chispa encendida en Estados Unidos nos iluminó con la idea de agrupar las deudas en complejos derivados financieros y venderlas a otras instituciones financieras a un interés reducido. Los bancos podían cobrar a los prestatarios un 6,5 % y luego vender esta deuda al 5,5 % de interés –con lo que conseguían un 1 % de beneficio–. Esto les permitía obtener ganancias, conceder hipotecas de forma ilimitada y contrarrestar el riesgo.

No pasó mucho tiempo antes de que prácticamente desapareciera cualquier criterio y valoración del crédito, y mientras que el prestatario estuviera vivo, podía conseguir una hipoteca. Esto se conoció con el nombre de mercado de las *sub-prime* y, en efecto, fue muy lucrativo. Los corredores de bolsa no prestaban atención a si sus clientes podían pagar, porque obtenían sus comisiones sin tener en cuenta nada de esto; los bancos no tenían ninguna precaución porque estaban obteniendo beneficios de «usureros» y vivían felices ignorando las inevitables rocas ocultas en el horizonte. Además, el precio de los inmuebles estaba en su pleno apogeo, por lo que el activo valía, de todos modos, mucho más que la deuda...

¡Días felices!

Entonces, el mercado de la vivienda se desmoronó y la tasa de morosidad se disparó. Si pensamos en los préstamos *sub-prime* (¡no en las personas!) como si se tratara de una manzana podrida, en lugar de lanzarla lejos –repudiando el préstamo–, los bancos la cortaron en pequeños trozos y la colocaron entre manzanas sanas. Finalmente, había tantas manzanas podridas en el sistema que nada las podía ocultar. El mundo bancario cerró las puertas y dejaron de concederse créditos los unos a los otros –la causa de los problemas de Northern Rock– y se prepararon para una revisión del sistema. En abril de 2008, el Fondo Monetario Internacional (FMI) situó el coste de esta manzana podrida en 565.000 millones de dólares, con pérdidas potenciales adicionales de aproximadamente 945.000 millones de dólares. Esto son muchas manzanas podridas...

Entonces, tal vez sea el momento de que todos prestemos atención al consejo de los antiguos babilonios y entendamos que «un interés reducido y seguro es mucho más deseable que el riesgo».

MI CONSEJO...

Si no tienes suficiente para pagar la entrada de la casa que deseas, alquila. Ahorra la diferencia entre lo que podría ser la amortización de tu hipoteca y el alquiler que realmente abonas. De este modo sabrás lo que se siente al pagar una hipoteca —y al mismo tiempo al ahorrar para la entrada.

14. Paga impuestos justos

—¿Por qué deberían tan pocos hombres ser capaces de adquirir todo el oro?

—Porque saben cómo hacerlo –replicó el Canciller–. Uno no puede condenar a un hombre por tener un éxito que sabe conseguir. Ni tampoco puede, con justicia, sacar nada a un hombre que se enriqueció justamente para dárselo a los hombres con menos capacidad.

En el tercer capítulo de *Las claves del hombre más rico de Babilonia*, Clason analiza «Los siete modos de llenar una bolsa vacía». El rey está preocupado por la distribución injusta de la riqueza que era habitual en Babilonia. En 8.000 años, esta preocupación no ha cambiado mucho, y como entonces, los analistas siguen sugiriendo «que el rico sea más rico y que el pobre sea más pobre».

La cuestión que afrontan todos los gobiernos es cómo distribuir la riqueza. Por un lado, hay gente que es rica y que se puede costear los mejores contables, procuradores y abogados que el dinero pueda pagar. Contratan a gente que conoce el sistema (y sus entresijos) y, por consiguiente, manejan su responsabilidad fiscal con inventiva, aunque lo hagan legalmente.

Tomemos como ejemplo al comerciante minorista británico sir Philip Green. A su familia se le calcula una fortuna de

4.900 millones de libras. En 2005, su negocio generó 1.200 millones en dividendos y no pagó ningún impuesto sobre las ganancias. Su esposa es la propietaria de la mayor parte de sus negocios; ella vive en Mónaco, y (¡qué casualidad!) allí no se aplican impuestos sobre los dividendos. Las personas como sir Philip probablemente se sientan justificadas a proteger su riqueza por los mismos motivos que el canciller se explicó ante el rey en Babilonia. Algunos de los más ricos con seguridad trabajarán muy duro y proporcionarán empleo a miles de personas.

¿Pero es justo? O a la inversa, ¿es justo que a personas decentes y trabajadoras se les grave la vida con impuestos con una precisión milimétrica? Se les aplican retenciones antes de que obtengan sus ganancias, con pocas posibilidades para la contabilidad creativa. Los ricos no subvencionan a los pobres; ésta es otra manera de verlo.

Tal vez la cuestión no sea debatir sobre «lo que se tiene y lo que no se tiene», sino sobre «los intentos y la falta de intentos». ¿Por qué debería el rico o el que trabaja duro o la familia luchadora subvencionar a aquellos individuos que no tienen ninguna intención de aceptar un empleo porque los beneficios que consiguen superan con creces los que obtendrían trabajando? ¿Qué tipo de estupidez penaliza a aquellos que legítimamente quieren trabajar pero que no se les permite hacerlo? Incluso haciendo pocas horas a la semana reducirían sus beneficios y el resultado sería una supervivencia más difícil para ellos. ¿Es correcto que cualquiera de estos grupos deba mantener a gente que no realiza ningún esfuerzo en absoluto para mejorar su posición?

Todos debemos pagar impuestos, pero los sistemas fiscales en muchos países necesitan ser revisados para animar a aquellos que han «ganado de manera justa» su dinero con el trabajo duro y el compromiso de cuidar a sus familias, así como para apoyar a aquellos que de manera legítima no puedan hacerlo. El resto debería darse prisa y hacer algo útil.

MI CONSEJO...

Se estima que 5,7 millones de contribuyentes británicos, por ejemplo, pueden no estar pagando correctamente sus impuestos. Si eres un empleado en nómina y pagas tus impuestos en función de los ingresos obtenidos, revisa las escalas para comprobar cuál te corresponde.

15. Empieza a engrosar tu bolsa

—Arkad —prosiguió el rey—, nuestra ciudad se halla en una situación muy mala debido a unos pocos hombres que saben cómo conseguir riqueza y, por consiguiente, la monopolizan, mientras que la mayoría de nuestros ciudadanos no saben ahorrar nada del oro que reciben.

Cada noche, durante siete noches, a Arkad se le pidió que enseñara a un grupo de cien hombres cómo evitar una bolsa pobre.

¿Cuál es la primera solución? «Por cada diez monedas que tengas en tu bolsa saca sólo nueve para usarlas. Tu bolsa empezará a aumentar de tamaño inmediatamente y su peso creciente te sentará bien en la mano y proporcionará satisfacción a tu alma».

La relevancia de esto es hoy todavía mayor, más incluso si tomamos estas cifras del Reino Unido como ejemplo:

CONCEPTO CLAVE
El hábito del ahorro es en sí mismo una educación. Fomenta cada virtud, enseña abnegación, cultiva el sentido del orden, prepara para la previsión y ensancha la mente.

THORNTON T. MUNGER
Científico estadounidense

- La deuda de las familias a finales de diciembre de 2007 se situó en 1,4 billones de libras.
- El total de los créditos al consumo concedidos a particulares en diciembre de 2007 ascendía a 224.000 millones de libras.
- La media de la deuda por familia es de 8.985 libras (sin incluir las hipotecas). Esta cifra aumenta hasta las

20.895 libras si basamos la media en el número de hogares que tienen en realidad algún tipo de préstamo inseguro.

- La deuda de las familias se incrementa un millón de libras cada cinco minutos.
- En un día, de media, se realizan 24,5 millones de transacciones con tarjetas de crédito por valor de 1.400 millones de libras. Los consumidores pedirán prestados 327 millones de libras adicionales y pagarán 259 millones de libras en concepto de intereses por disponer de este privilegio...

De acuerdo con uSwitch, Gran Bretaña está sufriendo un caso grave de opulencia: «Estamos atrapados en una espiral de consumo donde ya no es suficiente estar a la altura del vecino, sino que queremos vivir como lo hacen nuestras celebridades favoritas; 4,8 millones de adultos gastan más de lo que ganan y 9 millones de adultos tienen que hacer malabarismos para llegar a fin de mes».

Podría parecer que por cada diez monedas que metemos en la bolsa, sacamos las diez, o incluso once. Por eso nuestra bolsa no aumenta de tamaño, lo que implica preocupaciones y muchas noches sin dormir. ¿Realmente merece la pena? «¿Qué es lo que más deseas? ¿Satisface tus deseos diarios una joya, los adornos, el mejor vestido, más comida... cosas que pronto caducan y se olvidan? ¿O son los bienes materiales, como oro, tierras, rebaños, mercancías o inversiones, los que aportan ganancias? Las monedas que tomes de tu bolsa te proporcionarán lo primero. Las que dejes en ella te permitirán conseguir lo último».

Si queremos disfrutar alguna vez de independencia económica, debemos liberarnos de las malas deudas (las que no están relacionadas con ningún activo) y apartar religiosamente un mínimo del 10 % de todo lo que ganemos. Arkad nos advierte:

—No te burles de lo que digo por su simplicidad. La verdad es siempre simple.

16. Controla el gasto

La segunda solución para una bolsa pobre es «Hacer una estimación de tus gastos que te permita disponer de monedas para cubrir tus necesidades, pagar tus diversiones y satisfacer los deseos que merezcan la pena sin gastar más que nueve de las diez partes de tus ingresos». A veces, una estimación de este tipo se considera una limitación, pero puede ser liberador.

Arkad les dice a sus estudiantes: —Ahora os contaré una verdad insólita sobre los hombres y los hijos de los hombres. Es ésta: todo aquello a lo que cada uno de nosotros llama nuestros «gastos necesarios» siempre aumentará de manera proporcional a nuestros ingresos, aunque afirmemos lo contrario. No confundas los gastos necesarios con tus deseos.

Brendan Nichols es un orador internacional y un escritor que trata el tema de cómo generar más ingresos con tu negocio. Se refiere a este fenómeno como el «síndrome de la buena apariencia que no lleva a ninguna parte». Puedes ver este síndrome en todas las oficinas de negocios del planeta, en cada uno de los países, y a menudo se manifiesta en lo que se conoce como «esposas de oro». Tradicionalmente, ha sido un sistema de incentivos económicos que hace que a un empleado le resulte muy difícil abandonar la empresa en la que trabaja. Puede adquirir la forma de opciones económicas que no fructificarán durante años, o tal vez exista una obligación contractual según la cual el beneficiario se ve obligado a devolver las primas. Pero también existen muchas otras fuerzas insidiosas en el trabajo. Cuanto más asciende alguien en una empresa, con frecuencia su salario también lo hace en consonancia. Pronto, como advierte Arkad, sus gastos necesarios aumentan en proporción a sus ingresos (si no más). Adquiere una casa más grande con un gran jardín, y elegantes trajes y accesorios de diseño sustituyen las compras en los comercios habituales, y la confortable berlina familiar es sustituida por un BMW.

Como resultado, mucha gente queda encadenada a trabajos que odia porque necesita su pingüe salario para satisfacer sus gastos exagerados. Las «trampas» de la riqueza poseen un nombre adecuado.

Debes diferenciar entre tus necesidades y tus deseos. Primero, debes trabajar en lo que significa «dinero necesario» –que es lo mínimo absolutamente necesario que precisas para cumplir con tus obligaciones y sobrevivir–. Después, debes priorizar tus deseos y «valorar tus gastos necesarios».

Mucha gente rehúye de las estimaciones de gastos porque implican restricciones, aunque en realidad proporcionen justo lo contrario: libertad. «El propósito de una operación de este tipo consiste en ayudarte a engrosar tu bolsa. Esto significa asistirte en tus necesidades y, en la medida de lo posible, en tus otros deseos. Sirve para conseguir tus deseos más anhelados defendiéndolos ante las apetencias casuales. Como un haz de luz en una oscura caverna, tu presupuesto muestra las fugas de tu bolsa y te permite detenerlas y controlar tus gastos mediante propósitos definidos y gratificantes».

MI CONSEJO...

Guarda el sueldo de una jornada durante siete días. Toma nota de cuánto gastas y en qué lo haces —¡y sin mentiras!—. Calcula el total y busca las «fugas en tu bolsa». Puedes sorprenderte al descubrir que «ciertos gastos podrían ser reducidos o eliminados de manera prudente» —por ejemplo, al parecer, un tercio de toda la comida que compramos termina en el cubo de la basura.

17. ¡Nadie puede tener todo lo que desea!

Arkad dice lo siguiente a sus estudiantes:
—Todos los hombres se sienten agobiados por más deseos de los que pueden satisfacer. ¿Creéis que mi riqueza me permite satisfacer todos mis deseos? Eso es falso. Están los límites de mi tiempo [...] mi fuerza [...] lo lejos que puedo viajar [...] y el entusiasmo con el que puedo disfrutar.

Este argumento tan válido se olvida con facilidad cuando buscamos una mejor posición económica. Soñamos con la riqueza y con todas las cosas maravillosas que haremos, compraremos y poseeremos cuando finalmente consigamos cambiar nuestras condiciones económicas. Pero incluso los muy ricos tienen restricciones en lo que les es posible hacer.

¿Crees honestamente que Bill Gates puede gastar su tiempo y su dinero de la manera en que él desearía? ¿No es más probable que tenga un equipo de gente que le administre las cuentas –incluidos su tiempo y su dinero? Dudo mucho que Bill Gates pueda o quiera encontrarse mal y tomarse un día libre para ir a pescar, por ejemplo, si siente la necesidad de disponer de un «día de relajación mental». Y, ¿qué decir sobre Warren Buffett, el Oráculo de Omaha, que en 2008 desbancó a Bill Gates de la cima de la lista de los hombres más ricos de la revista *Forbes*, y que ahora es la persona más rica del mundo? ¿Crees que tie-

CONCEPTO CLAVE
Si tuviésemos todo lo que queremos, pronto no desearíamos nada de lo que tenemos.

VERNON LUCHIES
Ministro

ne la libertad de hacer lo que le venga en gana o que querría ver cómo se derrumba la cotización de Berkshire Hathaway porque simplemente tiene un mal día? Ten en cuenta esto: la extrema riqueza por lo general lleva asociada una gran responsabilidad. Y aunque no existan límites en lo que los muy ricos pueden comprar, todos disponemos de veinticuatro horas al día.

Si tenemos en cuenta que el 70 % de los adultos británicos juegan de manera regular a la lotería nacional y que las ventas semanales en productos relacionados con la lotería se sitúan alrededor de los 100 millones de libras, es lógico pensar que la mayoría de la gente desea disponer de «más dinero». La gran noticia es que tú en realidad no necesitas ser rico en términos económicos para llevar una buena vida. De hecho, ser «rico» puede ser una pesadilla –sólo tienes que preguntárselo a algunos de los ganadores del premio gordo–. Si estás dispuesto a cambiar la situación financiera que te rodea, primero debes empezar a ahorrar, a liquidar tus deudas y a descubrir por dónde se escapa tu dinero.

Escribe en una lista todas las cosas que deseas comprar ahora mismo –incluso las más estúpidas–. Después, «elige aquellas que sean necesarias y otras que puedas obtener gastando nueve de las diez partes de tus ingresos. Tacha el resto, considéralo una parte de la inmensa cantidad de deseos que no pueden ser satisfechos y no te lamentes por ello».

Olvídate de los aviones privados y los diamantes, así como de poseer un club de fútbol (esto fue lo que hundió a John Mc-Guinness, de la idea 7 del libro). Olvida las carreras de caballos y los Maserati... al menos por ahora.

MI CONSEJO...

¿Cuánto puede ser «suficiente»? Haz una lista de todas las cosas de las que te gustaría disponer si tuvieras dinero. Elimina las que sean ridículas y asigna una cantidad a las que sean realmente importantes, como liquidar tus deudas y tu hipoteca. Suma el total del sueño de tu vida: te sorprenderá descubrir que no necesitas millones.

18. Multiplica el dinero

La tercera propuesta para evitar una bolsa pobre es «poner a trabajar cada moneda para que se reproduzca como lo hacen los rebaños en el campo, ya que así el manantial de la riqueza podrá fluir de manera continua en vuestra bolsa».

De toda la sabiduría de Arkad, esto es lo que entraña una mayor complejidad. Arkad aprendió la lección porque confió los ahorros de su vida a un fabricante de ladrillos a quien estafaron con «pedazos de vidrio sin valor», porque no sabía nada sobre joyas. Hacer buenas inversiones hoy es, probablemente, más complicado porque los fabricantes de ladrillos son mucho más hábiles haciéndose pasar por joyeros...

CONCEPTO CLAVE

No son los toros y los osos lo que debes evitar, sino los bueyes vagos.

CHUCK HILLIS
Hombre de negocios estadounidense

Entonces, ¿cómo puedes encontrar inversiones buenas y honradas que protejan tu dinero y al mismo tiempo te aporten riqueza?

Si ya eres millonario, ciertamente te resultará mucho más fácil. Puedes asistir al espectáculo televisivo *Dragons' Den*, por ejemplo, donde cientos de nuevos inventores y emprendedores presentan sus casos. Una vez aceptado, tendrías que escuchar innumerables exposiciones de ideas tan apasionadas como poco realistas, como parques temáticos subacuáticos, pero de vez en cuando aparecería una idea lo bastante buena como para, sin que seas un profesional de los negocios, que fuera reconocida como una idea brillante. Fíjate, por ejemplo, en el Sistema de Ósmosis Inversa (ROSS) desarrollado por James Brown y Amanda Jones. Este innovador sistema de trasporte, almacenamiento y dispensación de agua supuso una gran ayuda para millones de personas de todo el mundo sin acceso a agua potable. Lo más inusual de este caso fue que todos los Dragones invirtieron en él y no pidieron más que el 10 % de los beneficios sobre el capital invertido. Por lo general, inversores como los Dragones piden mucho más a cambio de la experiencia, los contactos y el capital que invierten.

Dónde inviertas tu dinero dependerá de: a) cuánto dinero tengas y b) tu actitud ante el riesgo. Arkad advierte de los peligros de buscar intereses ambiciosos porque invariablemente te conducen a la ruina; no obstante, existen muchas opciones que puedes explorar. Redes de inversores y empresas de capital privado ofrecen posibilidades de invertir en oportunidades parecidas a las de *Dragons' Den*.

La necesidad de conseguir un buen asesoramiento profesional se acentúa si tu intención es invertir en algo relacionado con tu familia o tus amigos. Recuerda que hay mucho más en juego que tu dinero en este tipo de situaciones. Expectativas que acaben en un fracaso o cambios en las circunstancias pueden poner en una situación muy difícil tu relación con ellos —y tal vez incluso terminar con ella.

La primera inversión rentable de Arkad fue prestar dinero a un hombre llamado Agar, un fabricante de escudos. «Ganando en sabiduría [...] aumenté mis préstamos e inversiones a medida que se incrementaba mi capital. Cada vez había más fuentes que alimentaban el manantial de oro que fluía en mi bolsa».

MI CONSEJO...

Cuando hayas acumulado algunos ahorros, necesitarás encontrar un lugar para tu dinero y que crezca de manera exponencial. Busca a alguien que conozcas que tenga buenas inversiones y pídele consejo, o busca el asesoramiento de un profesional. Pide referencias y compruébalas. Prepárate a pagar; el asesoramiento «gratis» te puede salir muy caro.

19. Nuevas maneras de multiplicar el dinero

«Estudiantes, la riqueza de un hombre no se mide por las monedas que lleva en su bolsa sino por los ingresos generados, el manantial de oro que fluye de manera continua en su bolsa y que la mantiene siempre abultada». El objetivo es conseguir que el dinero se multiplique.

En Babilonia, las opciones de inversión probablemente estuviesen limitadas a los fabricantes de escudos, los constructores de carruajes y los fabricantes de ladrillos disfrazados de joyeros. En la actualidad, las opciones son infinitas, y esto no siempre es bueno.

Entonces, si no dispones de miles de millones, ¿cómo puedes obtener esos «ingresos generados»? De acuerdo con lo que dice el gurú de las finanzas *online*, Martin Lewis, cualquier contribuyente británico debería tener una cuenta de ahorro individual (CAI). Una CAI te permite conservar el interés acumulado por tus ahorros en lugar de pagar impuestos por ellos. Recuerda: no importa cuánto ganes, ¡lo importante es cuánto ahorras!

CONCEPTO CLAVE
Octubre: éste es uno de los meses especialmente peligrosos para especular con capital. Los otros son julio, enero, septiembre, abril, noviembre, mayo, marzo, junio, diciembre, agosto y febrero.

MARK TWAIN

También existe un gran número de fondos gestionados y fondos de inversión con menos requisitos de acceso que te permiten invertir en una amplia variedad de productos, como los inmuebles, las acciones, los bonos o el efectivo. Tu dinero se une con el de otros inversores y puedes elegir las cantidades dependiendo de tu aceptación del riesgo. Para las inversiones más seguras en el mercado de valores hay fondos de inversión, por ejemplo, que sólo se destinan a empresas de primera línea.

Pero cuidado: las inversiones relacionadas con el mercado de valores, incluso las realizadas en empresas de primer nivel, pueden repercutir tanto en beneficios como en pérdidas. El beneficio no está asegurado, como están descubriendo muchas personas que poseen pólizas de seguros... Los seguros de hipoteca fueron populares en el Reino Unido en las décadas de 1980 y 1990. Parecía lógico. Pagabas al prestador sólo el interés sobre el crédito, y luego invertías un pago adicional en una póliza de seguros, la cual también te proporcionaba –al comprador de la casa– un seguro de vida. Los seguros se introdujeron en el mercado de valores, y la intención era que, una vez finalizado el plazo de devolución del préstamo –por lo general unos 20 o 25 años–, hubiera en la póliza dinero suficiente para liquidar la hipoteca y, además, una atractiva cantidad para iniciar un nuevo proyecto. Pero el mercado de valores es una criatura inestable, y en 2003, el gobierno estimó que ocho de cada diez seguros en vigencia no podrían pagar la hipoteca asegurada, y menos aún proporcionar beneficios al finalizar el plazo. A partir de entonces, cerca del 70 % de los que afrontan este déficit se han tenido que hipotecar de nuevo, buscar asesoramiento financiero o solicitar una indemnización. Sin embargo, de acuerdo con la Autoridad de Servicios Financieros del Reino Unido (FSA), todavía quedan cerca de 700.000 personas con este producto que se llevarán una desagradable sorpresa.

Es importante que entiendas que muchos de los supuestos «asesores» no son más que meros gestores de pedidos. Su verdadera comprensión y conocimiento están seriamente limitados. Asegúrate de que te den buenos consejos para que «el manantial de oro fluya constantemente».

MI CONSEJO...

Cuando busques asesoramiento financiero pregunta a los brokers qué estrategias tienen. Pregúntales: «¿Recomendarías a tu madre que invirtiera en este fondo?». Al hablarles de su madre, su vacilación instintiva puede mostrarte lo suficiente como para advertirte de que deberías seguir investigando más. Realiza tu tarea basándote en lo anterior.

20. El milagro del interés compuesto

Cuando se trata de multiplicar el dinero, Arkad nos recuerda otra de las poderosas maneras de hacer que aumenten nuestros beneficios:

—El prestamista explicó que su fortuna se había incrementado por el interés compuesto, las diez piezas de plata originales se habían convertido en treinta y una piezas y media.

Arkad cuenta la historia de un granjero que llevó diez piezas de plata a un prestamista cuando nació su primer hijo y le pidió que las guardara hasta que éste cumpliera veinte años.

El granjero sabía que el tiempo podía hacer magia con su inversión inicial gracias al interés compuesto. El concepto del interés compuesto se basa en añadir a la inversión inicial los intereses acumulados, de modo que el interés futuro que se obtenga será cada vez mayor. El tiempo es lo que hace que el interés compuesto funcione.

La Regla de los 72 es un modo muy simple de ver cómo se puede conseguir que tu inversión duplique su valor. Supongamos, por ejemplo, que inviertes 10.000 euros en un fondo mutuo al 12% de interés. De acuerdo con la Regla de los 72, podría llevar seis años convertirlos en 20.000 euros (72 dividido por 12 son 6). Y podríamos continuar duplicando la cifra cada seis años, hasta hacer que tus 10.000 euros iniciales se convirtieran en 1.280.000 euros al cabo de cuarenta y dos años.

La Regla de los 72 no tiene en cuenta los impuestos, las tasas ni otros costes, pero ofrece un cálculo aproximado del tiempo necesario para duplicar el valor de una inversión –sin que debas hacer ninguna otra inversión adicional.

No existe un momento mejor que éste para empezar a construir riqueza. Nadie planea convertirse en pobre, pero pese a no entrar en sus planes, muchas personas lo son. En 2008, más de 2,5 millones de personas de la tercera edad en el Reino Unido permanecían en una única habitación climatizada de sus casas para ahorrar en gastos de calefacción. De acuerdo con las cifras proporcionadas por Alliance Trust, el agujero de las pensiones británicas, por ejemplo, sigue aumentando, ya que más de una cuarta parte (el 26 %) de los británicos adultos no tienen ningún tipo de previsión para su jubilación. La investigación realizada por Scottish Widows revela que más de 1,5 millones de personas mayores de 55 años (el 33 % de ellos) declara que no se puede permitir jubilarse a la edad estipulada porque no dispone de ahorros para su pensión. No te conviertas en una estadística.

Haz como el hijo del granjero, que no necesitó el dinero cuando cumplió veinte años y decidió guardarlo para seguir ahorrando. «Cuando el hijo tenía cincuenta y cinco años, el padre ya había pasado a mejor vida y el prestamista pagó al hijo, según lo acordado, ciento sesenta y siete piezas de plata. En cincuenta y cinco años, la inversión se había multiplicado en una renta casi diecisiete veces mayor». Ésta es la magia del interés compuesto.

MI CONSEJO...

Si no dispones de cubos llenos de dinero, deja que el interés compuesto te eche una mano. Si tienes hijos, abre una cuenta bancaria con un alto interés a su nombre y deposita en ella un poco de dinero a plazo fijo. Si tu hijo recibe dinero por sus cumpleaños, mételo también en su cuenta. Encuentra un compuesto que liquide más de una vez al año y observa cómo crece. No te gastes el dinero.

21. Protégete contra las pérdidas

Arkad advierte:

—La desdicha se apasiona por las marcas brillantes –y sugiere, por tanto, que la cuarta solución para una bolsa pobre es la siguiente: «Guarda tu tesoro de las pérdidas invirtiendo sólo en lo que sea sobre todo seguro, donde puedas recuperarlo, si lo deseas, y donde no dejes de cobrar una renta justa».

En el cuarto día de lección, Arkad enseña a sus estudiantes que «el oro en la bolsa de un hombre puede guardarse bien, y aun así perderse. Esto nos sugiere que primero debemos asegurar pequeñas cantidades y aprender a protegerlas antes de que los dioses nos confíen cantidades mayores».

Para la mayoría de la gente, dejar el dinero en un banco es protegerlo. Asumen que obtener unos intereses insignificantes en cuentas corrientes para el día a día es la compensación necesaria que hay que pagar a cambio de esta seguridad. ¿Pero realmente sabes cuán seguro es? Al principio de la crisis de las *sub-prime* que golpeó al núcleo del sector bancario internacional en 2007 y 2008, existía la preocupación real de que uno de los principales grandes bancos no sobreviviese. El británico Northern Rock pasó a nacionalizarse en 2008, y en el momento de escribir estas líneas, los mercados financieros internacionales están muy lejos de sentirse cómodos...

Si hay una víctima importante a la vuelta de la esquina es mejor que conozcas las reglas. Actualmente, el Programa de Compensación de Servicios Financieros te protege en países como el Reino Unido, entre otros –pero no te emociones–. Esto asegurará un cien por cien de tus depósitos en Reino Unido hasta 2.000 libras y el 90 % de las siguientes 33.000 libras. Por tanto, las supuestas buenas noticias son que si dispones de 35.000 libras en una entidad británica que ha tenido problemas, por ejemplo, podrías retirar 31.700 libras. La mala noticia es que si tienes 135.000 libras en esa entidad, seguirás pudiendo retirar sólo 31.700 libras.

Además, esta compensación sólo se aplica a una persona por entidad, por lo que si dispones de cubos llenos de dinero, deberás poner pequeñas cantidades en muchas cuentas distintas. Cada depósito deberá ser de 35.000 libras o menos, y las entidades financieras que elijas no deberán estar vinculadas las unas con las otras. Según dicta la compensación, las filiales de una misma cuenta de empresa cuentan como una sola institución; así, por ejemplo, si tienes 35.000 libras en el Banco de Escocia y 35.000 libras en el Halifax, sólo podrás recibir un pago de 31.700 libras como compensación, porque se entiende que todas pertenecen al mismo grupo empresarial. Estés donde estés, y tengas el dinero que tengas, debes indagar bien antes de decidir dónde poner tus ahorros.

El desarrollo de tu riqueza depende mucho más de lo que ahorres que de lo que ganes, así que si has trabajado duro para ahorrar o ganar lo que tienes, no desearás perderlo. Debes buscar inversiones que te aseguren intereses razonables con el mínimo riesgo o sin él. Arkad concluye la lección recordándonos lo siguiente: «Consulta a hombres sabios. Concreta los consejos de estos hombres experimentados en un manejo provechoso de tu oro. Haz que su sabiduría proteja tu tesoro de las inversiones inseguras».

22. Invierte en proyectos viables

Cuando se trata de proteger nuestro dinero, Arkad nos advierte lo siguiente:

—Cualquier persona que posea oro está tentado por oportunidades con las que podría parecer que se obtendrán grandes sumas invirtiendo en proyectos viables.

Clason repite este aviso en numerosas ocasiones, por lo que, obviamente, es un punto muy importante.

No estoy seguro de que este proyecto se pueda incluir de pleno entre los «proyectos viables», pero uno de mis favoritos es la estafa de los correos electrónicos nigerianos, también conocida como el fraude de los 419 o de la «comisión por avanzado». Aunque esta estafa no siempre proviene de Nigeria, los ingenuos les han llenado los bolsillos y las cuentas bancarias durante décadas.

CONCEPTO CLAVE
Arriesgar mucho para obtener mucho es más codicia que sabiduría.

WILLIAM PENN

El fraude de los 419 se originó a principios de la década de 1980 con el declive de la economía nigeriana, basada en el petróleo. Muchos universitarios en paro primero usaron esta peculiar estafa como un medio de manipular a los inversores extranjeros interesados en hacer negocios turbios en el sector petrolífero nigeriano, antes de extenderla primero a una selección de hombres de negocios occidentales y después a toda la población. El concepto es simple. Se envía un correo electrónico desde la cuenta de alguna persona de confianza

–haciéndose pasar por alguien o inventando una identidad–, que en apariencia tiene muchísimo dinero en diversas cuentas bancarias, pero que no puede sacar el dinero del país. Si la víctima ayuda a esa persona a mover el dinero, se llevará una importante comisión por la operación. No hace falta decir que se deben abonar unas tasas de transacción por adelantado. Sorprendentemente, la policía estima que sólo a los ciudadanos estadounidenses les estafan con este método ¡unos 200 millones de dólares al año!

Y a los británicos no les va mucho mejor. Un informe realizado en 2006 indicaba que los fraudes de este tipo costaban a la economía del Reino Unido 150 millones de libras al año –con un promedio de pérdidas de 31.000 libras por cada víctima–. Y aunque el número de víctimas es «difuso» (no es algo que se difunda a los cuatro vientos), las sumas de dinero estafado «casi con seguridad rondan los mil millones de libras en los últimos diez años».

Otro engaño habitual son las estructuras piramidales, como la del sistema del avión. En un primer momento, pagas una comisión para convertirte en pasajero del avión y luego debes reclutar a otros pasajeros para poder subir puestos en la pirámide, alcanzar primero el estatus de «tripulación», luego de «copiloto» y por último el de «piloto» –con lo que supuestamente podrás abandonar el avión cargado con fajos de billetes–. Pero no hay ningún producto que cambie de manos; todo consiste en el reclutamiento. Es necesario decir que más del 96 % de las personas que han participado en estructuras piramidales nunca recuperan su inversión inicial.

Cuando se trata de ofertas con grandes beneficios a cambio de poco esfuerzo, todo el mundo debería recordar el consejo de Arkad: «El primer principio de la inversión consiste en asegurar vuestro capital. ¿Acaso es razonable cegarse con grandes ganancias si se corre el riesgo de perder el capital inicial? Yo digo que no. El castigo por correr este riesgo es una posible pérdida. Estudiad con minuciosidad la situación antes de separaros de vuestro tesoro; cercioraos de que podréis reclamarlo con total seguridad. No os dejéis arrastrar por los deseos románticos de hacer fortuna con rapidez».

MI CONSEJO...

Podrías unirte a los instigadores de la estafa... primero respondiendo al fraude nigeriano como «monseñor Héctor Barnett» de la Iglesia de los Pechos Pintados. Tras un buen número de correos electrónicos, monseñor informa a los interesados que no puede ayudarles porque su amiga, la ratoncita Minnie, ha expirado. Pero pensándolo mejor, no lo hagas: son criminales peligrosos. Sólo borra el correo.

23. Pistas para una mala inversión

Una de las pistas que Arkad ofrece para probar la validez de una inversión es la persona que te propone hacerla. Los signos de alarma son claros cuando «a menudo los amigos y los parientes están impacientes por invertir en algo y te insisten en que los sigas». ¡Ten cuidado con el entusiasmo de conocidos que te ofrecen asesoramiento financiero!

Cuando se trata de la impaciencia de amigos y parientes que nos apremian para que los sigamos, hablamos de la mejor red de ventas que pueda haber. Muchos de los mejores negocios basados en este sistema funcionan extremadamente bien; son negocios rentables, con productos excelentes y, de hecho, hay gente que ha obtenido éxito con ellos –pero incluso las redes de ventas reconocen que las estadísticas no son buenas. La mayoría de los vendedores en red patrocinan a menos de tres personas. De ellas, el 75 % abandona en tres meses y el 95 % lo hace al cabo de un año.

CONCEPTO CLAVE
La amistad no resiste la prueba de los mejores y más buenos consejos durante mucho tiempo.

ROBERT LYND
Escritor

Las redes de ventas, en efecto, pueden ofrecer un modo de complementar tus ingresos, pero cuando cualquier persona que vive en un radio de ocho kilómetros es un cliente potencial, necesitas poseer una naturaleza incombustible para afrontar las negativas que recibirás de un modo casi constante. Seamos sinceros, nada en el universo conocido puede vaciar con tanta rapidez una habitación como la llegada de un representante de Amway demasiado entusiasta.

Otro desastre posible puede producirse cuando se cae en la trampa de los mercados de valores. El exitoso comerciante y maestro en mercados de valores David Novac habla de su evolución como comerciante, desde sus inicios como aprendiz hasta su profesionalización. Su introducción en el mercado de valores se produjo cuando un colega suyo muy entusiasta le animó para que invirtiera en una compañía que se dedicaba a especular con minas de oro. En ese momento, las acciones tenían un valor de 50 centavos, pero estaban seguros de que «subirían como la espuma» y alcanzarían los 5 dólares. Con el símbolo del dólar en sus ojos, David invirtió los ahorros de su vida. Lo que vino después fue una montaña rusa emocional. Primero vivieron la euforia de ver cómo alcanzaban los 2 dólares, pero no vendieron para recuperar una parte de la inversión inicial. Pronto, se sucedieron el pánico y los lamentos, para, por último, culminar en una gran desesperación cuando la compañía quebró. Lo perdieron todo.

Fue una lección dolorosa y cara, pero fue algo que Novac nunca olvidaría. Después de jurar que nunca invertiría de nuevo, al final entró en este mercado una vez más, pero en esta ocasión obtuvo éxito gracias a los conocimientos adquiridos y ayudó a otros a que lograsen lo mismo que él. Pero se mantiene firme: nunca confíes en las puntas calientes ni en nada parecido.

Arkad, el «hombre más rico de Babilonia», perdió todo su dinero porque confió en el consejo de alguien que no sabía nada acerca de la inversión que realizaron. Lo mismo es válido para los miembros más impacientes de la familia, deslumbrados por el brillo del dinero. Tras estas afirmaciones, desde el momento en que hayas formado parte de una organización de ventas en red, es muy probable que tus amigos y parientes no estén ansiosos por hablar contigo. ¡Olvida asesorarlos sobre inversiones!

24. Sé el dueño de tu casa

Arkad explica que la quinta solución para una bolsa pobre es «ser dueño de tu propia casa. Así, al hombre que posee su propio hogar se le llena de bendiciones. Y reduce en gran medida sus costes de vida, lo que le permite gastar sus ganancias en placeres y satisfaciendo sus deseos».

Lo que Arkad dice es muy cierto, y es verdad que si posees tu propia casa sin hipoteca puedes reducir de manera considerable el coste de tu vida. Por desgracia, sin embargo, actualmente ser dueño de tu casa no es la panacea que se consideró en otros tiempos.

Al principio de la década de 1990, si querías comprar una casa, podías pedir prestada una cantidad muy elevada. Si estabas casado o convivías con alguien, podías pedir prestada una cantidad todavía mayor, pues se tenían en cuenta los dos salarios. Así, por ejemplo, si estabas soltero, podías disponer de lo necesario para pagar una entrada considerable. Si estabas casado o convivías con alguien, la cantidad que te podían prestar se incrementaba de manera sustancial.

CONCEPTO CLAVE
Una casa cómoda es una gran fuente de felicidad. Ocupa el lugar que viene inmediatamente después de la salud y la buena conciencia.

SIDNEY SMITH
Escritor y clérigo

En marzo de 2007, el precio medio de la vivienda en el Reino Unido, por ejemplo, era de 194.400 libras, y algo semejante ocurría en el resto de Europa. El sueldo bruto medio era de 23.600 libras en Reino Unido —menos de la octava parte del precio medio de la vivienda–. Claramente, existía una gran brecha.

De acuerdo con los bancos, el sistema tradicional estaba «anticuado». El segundo operador hipotecario británico, Abbey, cambió sus normas para permitir a los propietarios pedir prestada una cantidad cinco veces superior a su salario; otros bancos y sociedades de inversores fueron aún más allá al ofrecer más de seis veces el sueldo bruto. No puede ser una coincidencia que una de estas instituciones bancarias fuera Northern Rock. En el momento de escribir estas líneas, seguía bajo el control del gobierno después de que su estrategia de préstamos *sub-prime* le hiciese caer de bruces.

Si hacemos caso a las afirmaciones vertidas antes de que ocurriera esto, Northern Rock comentaba lo siguiente: «Estamos fomentando el crédito entre los prestatarios de alta calidad y bajo riesgo. Como resultado de una evaluación del crédito más sofisticada, podemos ser más flexibles con las circunstancias específicas de los prestatarios». Claramente eso no fructificó –tal vez si hubiesen prestado un poco más de atención a sus «sofisticadas» evaluaciones y hubiesen aplicado cierto sentido común, el contribuyente no tendría que pagar ahora los platos rotos.

Pero, para ser justos, no intervino sólo Northern Rock. Los prestamistas de todos los ámbitos niegan con énfasis que sus acciones fuesen irresponsables.

Arkad debe tener razón cuando les dice a sus alumnos que «la familia de un hombre no puede disfrutar plenamente de la vida a no ser que posea un terreno en el que los niños puedan jugar en una tierra limpia y en el que la esposa pueda no sólo cultivar flores, sino también buenas plantas para alimentar a su familia». Pero está demostrado que cada vez resulta más difícil conseguirlo.

MI CONSEJO...

Si has comprado una casa, paga la cantidad máxima que puedas como entrada. Evita las comisiones de apertura de la hipoteca, y si el tipo de interés se reduce, paga lo mismo para liquidar antes la deuda. Una cantidad de 30 euros al mes sobre el mínimo podrían representar 10.000 euros menos en una hipoteca de 200.000 euros y reducir su plazo de amortización en catorce meses.

25. Asegura el futuro

De acuerdo con Arkad, la sexta solución para acabar con una bolsa pobre es «prever por adelantado las necesidades para la protección de tu familia y las que puedan surgir con el paso del tiempo. Corresponde al hombre prever los ingresos adecuados para los días que venideros, para cuando él ya no sea joven».

Arkad predice lo siguiente: «En mi mente, queda la esperanza de que algún día los hombres de pensamiento sabio diseñen un plan para protegerse de la muerte, según el cual muchos hombres pagarán regularmente una suma insignificante para que, al final, la familia obtenga una cuantiosa suma de dinero. Esto sería algo deseable y lo recomiendo encarecidamente».

Ese día, por supuesto, ya ha llegado. El entusiasmo de Clason por los seguros se muestra en numerosas ocasiones. Tanto es así, que podríamos preguntarnos si recibía alguna comisión de los bancos y de las compañías aseguradoras para permitirle distribuir millones de copias de su manuscrito original...

Los seguros, tal y como los conocemos en la actualidad, surgieron en el siglo XVII en Inglaterra. En 1688, los mercaderes, los propietarios de rebaños de ovejas y los corredores de seguros se citaban en la Lloyd's Coffe House de Londres para

> **CONCEPTO CLAVE**
> *Durante casi setenta años, el sector de los seguros de vida ha sido una arrogante vaca sagrada que ha mantenido al público bajo el miedo constante al toro sagrado.*
>
> RALPH NADER
> *Escritor estadounidense y activista político*

discutir y hacer negocios. A finales del siglo XVIII, Lloyd's se había convertido en una de las primeras compañías aseguradoras modernas, y todavía hoy sigue en activo.

En la actualidad, es posible asegurar casi cualquier cosa, pero ¿es realmente necesario? Alrededor de 4.500 hombres se estremecieron cuando Lorraine Bobbit tomó un cuchillo afilado y se lo clavó en el pecho de su marido, que estaba asegurado precisamente contra este mismo percance. Por sólo 150 dólares al año, ya podían descansar tranquilos sabiendo que serían compensados con 1,5 millones de dólares en el caso de que su pareja reaccionara de un modo violento ante su comportamiento. Yo considero que si mantienes una relación con alguien que se siente atraído por los cuchillos para trinchar lo mejor que puedes hacer es controlar tu tendencia al flirteo o simplemente acabar con la relación.

¿Y qué decir de las abducciones alienígenas? Si te preocupa ser abducido por pequeños hombrecitos verdes, no temas: sí, puedes asegurarte contra hechos de este tipo. Cerca de 20.000 personas duermen mejor por las noches sabiendo que si los alienígenas deciden practicar experimentos con ellas, la compañía aseguradora estará dispuesta a pagarles 1,5 millones de dólares. Si se tiene en cuenta lo difícil que resulta convencer a una compañía de seguros de que derramaste leche sobre tu portátil en un parte para un seguro, me chocaría que algún abducido que hubiese regresado pudiera tener la más mínima oportunidad de probar lo que le ha sucedido, pero ya se sabe...

Tonterías aparte, disponer de demasiados seguros es simplemente perder el dinero. Sin embargo, invertir en un seguro para protegerte a ti y a tu familia es sensato. Arkad concluye diciendo: «Ningún hombre puede permitirse no asegurar un tesoro para cuando sea viejo y para proteger a su familia, sin importar lo prósperos que puedan ser su negocio o sus inversiones».

26. Aumenta tu habilidad para obtener ingresos

El último día de clase, Arkad explicó a sus alumnos que la séptima y última solución para no tener una bolsa pobre es «cultivar tus propios poderes, estudiar y volverte sabio, tornarte más capaz para actuar con el fin de respetarte a ti mismo. Cuánta más sabiduría poseamos, más ingresos seremos capaces de obtener».

Arkad narra la historia de un hombre joven que fue a pedirle consejo:

–[...] seis veces en dos lunas me acerqué a mi maestro para pedirle un aumento de la paga, pero sin éxito. Ningún hombre puede hacerlo más a menudo.

Con demasiada frecuencia, todos nos centramos antes en lo que podemos conseguir que en lo que podemos dar. Esperamos ser recompensados primero y probar después nuestra valía. Deseamos que nos aumenten el sueldo cada año sólo por estar ahí, y nos convencemos a nosotros mismos de que si el jefe quiere más, entonces tendrá que pagarnos más. Pero, ¿por qué motivo iba a hacerlo? Debemos ser mejores en nuestro trabajo, hacer más de lo que se espera de nosotros de un modo constante, y al cabo del tiempo obtendremos nuestra recompensa –y no hay otra manera de hacerlo.

CONCEPTO CLAVE
Si un hombre vacía su bolsa en su cabeza, nadie podrá arrebatársela. Una inversión en conocimiento siempre aporta el mejor interés.

BENJAMIN FRANKLIN

Cuando Arkad empezó como escriba, realizaba rápidamente su tarea para intentar ganar más dinero:

—Con una razonable prontitud, la mejora de habilidades fue recompensada; no necesité acudir seis veces a mi maestro pidiéndole reconocimiento.

Los actos siempre dicen más que las palabras. Esta idea nunca fue más evidente que en el programa televisivo *The Apprentice*, en el que el sensato y millonario hecho a sí mismo sir Alan Sugar ponía a prueba (a menudo con engaños) a dieciséis aspirantes a magnate evaluando sus aptitudes para los negocios con el fin de elegir a uno para darle un puesto en su empresa. En la cuarta temporada, la persona más destacada fue Michael Sophocles –un autodenominado «hombre nacido para las ventas», que intentó vender alquileres de Ferrari en un mercadillo. Es como si lo viera ahora: «Cuatro patatas grandes para hornear, un cesto de fresas y medio día de contratación de ese Ferrari, por favor...». Cómo superó a los últimos seis concursantes es un completo misterio, pero al final la congruencia entre lo que decía que era y lo que pudo demostrar que era realmente se hizo indiscutible.

Da lo mejor de ti mismo, aprende todo lo que puedas para mejorar tu rendimiento y no sólo te sentirás mejor contigo mismo, sino que también te tendrán en cuenta y serás recompensado. Si éste no es tu caso, entonces muévete. No alardees de tus habilidades; en lugar de eso, demuéstralas.

Arkad asegura a sus alumnos lo siguiente: «Los quehaceres de un hombre cambian y evolucionan porque los hombres perspicaces intentan mejorar sus habilidades para servir mejor a aquellos de cuyo patrocinio dependen. Por eso, insto a todos los hombres a que encabecen la carrera del progreso y a que no permanezcan inmóviles para que no les dejen de lado.

MI CONSEJO...

Si quieres conseguir más dinero con tu trabajo, mejora tu rendimiento. Aprende cómo hacer mejor, con más rapidez y con mayor eficiencia tu trabajo. Si ves que algo del sistema se puede mejorar, entonces habla y propón soluciones. Al final, te mostrarán reconocimiento. Nunca conseguirás más dando menos.

27. Paga puntualmente las deudas

En la clausura de sus lecciones sobre las siete soluciones para una bolsa pobre, Arkad añadió tres cosas más que un hombre debe hacer si se quiere respetar a sí mismo. Una de ellas es que «debe pagar sus deudas con la mayor celeridad que pueda, y no comprar aquello por lo que no pueda pagar».

En el Reino Unido, por ejemplo, los directores ejecutivos de los cinco principales emisores de tarjetas de crédito comparecieron ante el Comité de la Tesorería de la Cámara de los Comunes en 2003 para responder a las quejas acerca de la labor en sus cargos. El Comité quería que los bancos proporcionasen una información más transparente. Un estudio llevado a cabo por Royal & Sun Alliance mostró que el 62 % de los titulares de tarjetas de crédito no tenían ni idea de las tasas de intereses anuales que pagaban, que pueden ser hasta cinco veces superiores al tipo básico.

CONCEPTO CLAVE

Comprar a crédito se parece mucho a estar borracho; el zumbido llega inmediatamente y te proporciona un subidón. La resaca llega el día después.

DR. JOYCE BROTHERS

Psicólogo estadounidense y columnista

Matt Barrett, director ejecutivo de Barclays, atrajo especialmente las críticas tras admitir «yo no pido dinero prestado con las tarjetas de crédito. Es demasiado caro. Tengo cuatro hijos pequeños. Les aconsejo que no acumulen deudas en sus tarjetas de crédito». Sorprendente, quizás, ¡pero al menos él fue honesto! Admitió que un cliente de Barclays que realizaba el abono mínimo mensual podía tardar más de diez años en liquidar su deuda.

El único modo de usar correctamente una tarjeta de crédito es ajustar por completo las cuentas cada mes, que es lo que Matt Barrett y el 50 % de sus clientes hacen. El resto de los 4,5 millones de clientes de la entidad... se hundirán cada vez más y más en el fango de la deuda.

Los prestamistas son los únicos que se enriquecen con las tarjetas de crédito. En diciembre de 2007, el total de la deuda británica por tarjetas de crédito ascendía a 54.900 millones de libras. El límite total en las tarjetas en circulación era de 177.000 millones. En febrero de 2008, el promedio del tipo de interés de los préstamos mediante tarjeta de crédito era del 17,31 % –¡en ese momento era un 12,06 por ciento superior al tipo básico!

Matt Barrett fue criticado por unos comentarios que los medios describieron como una «metedura de pata al estilo Ratner». Pero, ¿quién es el idiota? ¿El que está a la cabeza del mayor emisor de tarjetas de crédito del Reino Unido, quien abiertamente admite que no acumula deudas en su propio producto porque es demasiado caro, o los millones de titulares de tarjetas de crédito que sí lo hacen? Reflexionemos un momento sobre ello. Si Richard Branson rehusó volar con Virgin Atlantic y decidió hacerlo con Qantas, ¿no te lo pensarías dos veces antes de reservar un billete con Virgin?

Toma el consejo de Arkad y reduce tu deuda. Además, las preocupaciones monetarias está demostrado que son malas para tu salud. Lo creas o no, el Dr. Roger Henderson, médico de familia y experto en salud mental, ha identificado el síndrome de la enfermedad del dinero (MSS, según sus siglas en inglés), y ha comentado que el 43 % de los adultos británicos están afectados de manera negativa por el estrés y la ansiedad causados por los problemas económicos. El Dr. Henderson afirma que «las preocupaciones económicas pueden causar trastornos significativos en las relaciones, y que las personas que los sufren tienen a menudo una salud peor que las que controlan sus finanzas».

MI CONSEJO...

Averigua qué interés estás pagando por cada una de tus tarjetas de crédito. Visita alguno de los sitios online con comparadores para encontrar otros más baratos, lee con detenimiento la letra pequeña para asegurarte de que la tasa no se aplica sólo al principio y traslada tu deuda a otra entidad. Navega por Internet: te puede ahorrar una importante suma de dinero.

28. Haz testamento

Arkad sugiere que el segundo aspecto esencial para mostrar respeto hacia uno mismo es «que un hombre haga testamento para recordar que, en el caso de que los dioses lo llamen a su lado, se lleve a cabo una rápida y honorable división de sus propiedades». También en los tiempos antiguos ver más allá del momento del traspaso se consideraba una prioridad.

La mayoría de las personas adultas no dispone de un testamento válido. Muchos simplemente no lo tienen porque o bien asumen que es demasiado caro o creen que sus asuntos no son tan complejos como para ponerlos en orden.

Sin embargo, de lo que no se dan cuenta es de que no tener testamento significa que en algunas ocasiones sus bienes podrían pasar a manos del estado. Si mueres sin haber hecho testamento («intestado»), entonces tú o tus seres queridos pierden el control sobre la división de tus bienes. En lugar de eso, entran en juego las estrictas leyes que rigen los casos de fallecimiento y tus deseos podrían ser ignorados.

En algunos países, si estás casado o eres pareja de hecho, tu pareja no pasa directamente a ser la titular de todo, puesto que se tienen en cuenta, los hijos, los nietos, etcétera. Lo mejor es informarse de la normativa legal vigente en el país pertinente para evitar sorpresas de última hora.

A menudo, la gente, en especial los que se han casado más de una vez, asume que sus bienes irán a parar a manos de sus hijos. Sin embargo, esto no tiene por qué ser necesariamente así, a no ser que hagas un testamento donde detalles tus instrucciones específicas, en cuyo caso se cumplirá tu voluntad. Así, si no te llevas bien con tu familia y quieres dejar tu herencia a tus hámsteres, haz testamento... Infórmate siempre bien antes de iniciar cualquier trámite.

Asimismo, también merece la pena destacar que si falleces sin testamento, las implicaciones fiscales pueden ser desastrosas para los que dejas atrás, en especial si no estás casado con tu pareja. De acuerdo con los datos de la agencia fiscal inglesa, por ejemplo, cada año se producen muchos casos de personas que son obligadas a abandonar sus domicilios familiares dada su incapacidad para pagar sus obligaciones fiscales.

Uno de los testamentos más extraños que jamás se hayan redactado fue el de Charles Vance Millar, el cual dejó toda su herencia a las mujeres de Toronto que tuviesen el mayor número de hijos durante los diez años posteriores a su muerte, lo que dio lugar al «Great Stork Derby». Los intentos para invalidar el testamento por parte de sus posibles herederos fueron en vano, y la totalidad de los millones de su fortuna finalmente fue a parar a manos de cuatro mujeres.

Existen también incontables ejemplos de gente que ignora a sus familiares legando sus bienes a gatos, perros y hasta chimpancés. Pero si quieres mirar un poco más por tu familia y estar seguro de que no deberán soportar dificultades económicas ni emocionales, entonces sigue el consejo de Arkad y haz testamento.

29. Muestra compasión por los necesitados

Arkad enuncia el último aspecto esencial para mostrar respeto hacia uno mismo:

—Él debe mostrar compasión hacia aquellos que están perjudicados y heridos por la desgracia y ayudarles dentro de unos límites razonables. Debe hacer obras de caridad para aquellos seres que le son queridos.

Extender la mano a los demás sigue siendo importante.

Tomemos como ejemplo el Reino Unido. Si consideramos que hay más de 200.000 instituciones benéficas que operan en todo el país, podemos deducir que los británicos casi con seguridad son compasivos. Entre la mascota Pudsey Bear de Childrens in Need, y al ser interpelados de manera sistemática en las principales calles de todo el país por las personas que apoyan la caridad, hay que destacar que se dona mucho dinero para beneficencia cada año.

CONCEPTO CLAVE

Si quieres hacer feliz a otros, practica la compasión. Si quieres ser feliz, practica la compasión.

DALAI LAMA

Sin embargo, de acuerdo con Lord Joffe, los británicos actualmente donan menos para beneficencia que en los últimos quince años. En principio, a pesar del aumento de los ingresos medios y de duplicar el número de ricos, las donaciones para caridad han descendido un 25 %. La mayoría de los británicos, por ejemplo, donan 7 peniques por cada 10 libras que ganan. Lo más interesante es que no son los ricos los que más donan a instituciones como Comic Relief, sino que la que dona es precisamente la gente que no tiene tantos recursos. Tal vez el gran número de escándalos relacionados con las donaciones ha alimentado las preocupaciones latentes sobre cuánto termina llegando a su destino previsto, o quizás los ricos sean malvados y ésta sea la forma principal de hacerse rico...

Por suerte, no toda la gente rica es malvada, y existen muchos ejemplos excepcionales de generosidad. Uno de los filántropos más famosos de todos los tiempos fue Andrew Carnegie. Tras amasar una gran fortuna con el acero, destinó la última parte de su vida a donarla.

En tiempos recientes, los viejos amigos Bill Gates y Warren Buffett han continuado esa honorable tradición. En junio de 2008, Bill Gates renunció al día a día en Microsoft para centrarse en su trabajo con la mayor organización benéfica del mundo, la Fundación Bill and Melinda Gates, dotada con 30.000 millones de dólares. La fundación se centra en la lucha contra enfermedades como la malaria, el VIH-sida y la tuberculosis, y proporciona equipo a bibliotecas y escuelas de secundaria en Estados Unidos.

En 2006, Warren Buffett se comprometió a donar gradualmente el 85 % de su riqueza a cinco fundaciones. En el momento del anuncio donó más de 40.000 millones de dólares en la que fue la mayor donación filantrópica de toda la historia. Sin embargo, como la donación está en acciones B de Berkshire Hathaway y se realizará de forma escalonada durante muchos años, el precio de las acciones el día de cada donación estará determinado por el valor del dólar en ese momento. Considerando que el valor de estas acciones ha aumentado en más de 1.000 dólares por acción desde el anuncio de Buffett, el valor final del donativo puede llegar perfectamente a superar en mucho los 40.000 millones de dólares. Cinco sextas partes de las acciones irán a la Fundación Gates, donde

Buffett se unirá a Bill y Melinda Gates como tercer fideicomiso.

Tanto si somos ricos como si no, Arkad aconseja que mostremos compasión hacia los demás, siempre que sea posible, que ayudemos a los menos afortunados que nosotros.

MI CONSEJO...

Existen muchas causas que necesitan ayuda y muchas no son sólo instituciones de beneficencia. Tal vez exista alguna organización de voluntarios que visiten a las personas mayores en tu área. Donar algo de tiempo o de dinero podría marcar una diferencia real. Y al ayudar a otros también te sentirás mejor.

30. ¿Qué te enseñaron en la escuela?

En el capítulo 4 de *Las claves del hombre más rico de Babilonia* volvemos a encontrarnos con Arkad. Ahora está enseñando en el «[...] Templo de la Enseñanza donde la sabiduría del pasado es explicada por profesores voluntarios y donde las cuestiones de interés popular se discuten en foros públicos». Muchas noches Arkad enseña en él.

Clason destaca el hecho de que no existían escuelas formales en Babilonia. Pero sí había en ella un centro de enseñanza muy práctico. Aunque raramente se menciona en los libros de historia, «competía en importancia con el palacio del rey, los Jardines Colgantes y los templos de los dioses».

Hoy tenemos colegios pero, ¿realmente estamos en mejor situación? ¿Sabías, por ejemplo, que la idea de la escuela obligatoria procede del sistema de castas de la India? En la India, la gente nace en una determinada posición en la vida. El 5 % de los más privilegiados, que son conocidos como los «nacidos dos veces», se educa y es rico. El 95 % restante nace con trabajos serviles e incluye el grupo conocido como los «intocables». Después de su visita a la India, un joven capellán anglicano llamado Andrew Bell destacó que el hinduismo había creado una institución escolar de masas para niños que estaban «destinados al servilismo» y reconoció las

CONCEPTO CLAVE
Amaba aprender, era la escuela lo que odiaba. Solía saltarme la clase para ir a aprender algo.

ERIC JENSEN
Escritor

posibilidades de un sistema como aquél para la creación de una fuerza de trabajo dócil para la revolución industrial.

La escuela como la conocemos fue el resultado. Los poderes decidieron que la ignorancia escolarizada era mejor que la estupidez sin escolarizar. Se crearon escuelas para «enseñar» a la gente cómo encajar en un sistema que los necesitaba desesperadamente. En América, hombres muy ricos como Rockefeller ejercieron una gran influencia sobre las escuelas de su tiempo. En la primera declaración de intenciones de la Junta General de Educación de Rockefeller se reveló la verdadera misión de la escuela...

En nuestros sueños [...] la gente se pone a sí misma con perfecta docilidad en nuestras manos moldeadoras [...]. No debemos intentar convertir a esa gente o a ninguno de sus hijos en filósofos, hombres de enseñanza u hombres de ciencia. No debemos levantar entre ellos autores, educadores, poetas u hombres de letras. No debemos buscar embriones de grandes artistas, pintores, músicos ni abogados, doctores, predicadores, políticos, estadistas de los cuales poseemos una amplia oferta. La tarea que nos imponemos a nosotros mismos es muy simple [...] organizaremos a los niños [...] y los enseñaremos a hacer de un modo perfecto las cosas que sus madres y sus padres están haciendo de manera imperfecta.

Esto hace pensar, ¿verdad? No creas que la escuela te preparará para la vida. No lo hará: te prepara para seguir las normas, para conseguir buenas notas y para ocupar una posición prediseñada para que puedas trabajar haciendo ricos a otros.

Lo cierto es que la enseñanza se da mejor cuando es voluntaria y relevante para la vida. Arkad nos recuerda cuán avanzada estaba Babilonia. Entre los muros del Templo de la Enseñanza en Babilonia, «todos los hombres se consideraban iguales. El más humilde de los esclavos podía discutir con impunidad las opiniones de un príncipe de la realeza».

MI CONSEJO...

Anota cinco aptitudes que poseas, de qué manera podrías mejorarlas y quizás incluso conseguir más dinero con ellas. La gente en raras ocasiones se enriquece trabajando para otros: es el momento de empezar a pensar fuera del rebaño.

31. ¿Hay algún modo de atraer la buena suerte?

A Arkad le pregunta uno de sus alumnos en el Templo:

—¿Existe algún modo de atraer la buena suerte? –El hombre nos cuenta su historia:

—Hoy he sido afortunado, he encontrado una bolsa en la que hay piezas de oro. Seguir siendo afortunado es mi mayor deseo.

Por supuesto olvidó que el hombre que perdió la bolsa podría fácilmente haber contado la otra vertiente de la historia, buscando respuestas sobre cómo evitar ser tan desafortunado...

Arkad, no obstante, considera que el tema es digno de ser discutido, y la conversación deriva de manera inevitable hacia el juego. «Cuando un hombre habla de la suerte, ¿no es natural que sus pensamientos giren alrededor de las mesas de juego? ¿No es ahí donde encontramos a muchos hombres cortejando el favor de los dioses con la esperanza de que los bendigan con ricas ganancias?».

> **CONCEPTO CLAVE**
> *Siempre que veas una mesa de juego debes estar seguro de que la fortuna no está ahí. Más bien está siempre en compañía de la industria.*
>
> OLIVER GOLDSMITH
> *Escritor*

Debido a que la industria del juego está tan fragmentada, es muy difícil ofrecer cifras rápidas y sólidas sobre cuánto se está gastando en ella. La británica Betting Office Licensees Association estima que el valor total del juego en todas sus formas se sitúa alrededor de los 1.000 millones de dólares. De acuerdo con el estudio British Gambling Prevalence Survey de 2007, realizado por el Centro Nacional de Investigación Social, la cantidad retenida por los operadores después del pago de ganancias –pero antes de la deducción de los costes– se incrementó desde los más de 7.000 millones de libras en 1999-2000 hasta poco menos de 10.000 millones en 2007.

Esto es mucho dinero y valida lo que apunta Arkad:

—El juego está dispuesto de tal manera que siempre favorece a la casa [...]. Pocos jugadores advierten cuán seguros son los beneficios de la banca y de cuán inciertas son sus posibilidades de ganar.

De acuerdo con el informe, más de 378.000 británicos, por ejemplo, tienen problemas con el juego, y esto afecta más a los hombres que a las mujeres. Estar divorciado tampoco ayuda mucho, y aunque el estudio no especulaba sobre si el divorcio acentúa el problema del juego, ni si el juego es motivo de divorcio, me arriesgaría a afirmar lo segundo.

En la actualidad, el número de maneras con las que podemos perder nuestro dinero nubla la mente: casinos, carreras de caballos y de galgos, lotería, quinielas, rasca y gana, bingo y tragaperras –¡en Australia incluso puedes jugarte «el doble» y apostar en lanzamientos de moneda!–. Pero aunque las formas de jugar sean más sofisticadas que las mesas de juego de Babilonia, el resultado sigue siendo el mismo.

Arkad nos recuerda que la Dama de la Suerte es «una diosa de amor y dignidad cuyo placer consiste en ayudar a aquellos que están necesitados y recompensar a los que son dignos. He intentado encontrarla, no en las mesas de juego o en las carreras donde los hombres pierden más oro del que ganan, sino en otros lugares donde los hechos de los hombres poseen un mayor valor y merecen más ser recompensados».

MI CONSEJO...

Si algún día acudes a las carreras, no uses tu tarjeta de crédito o de débito. Toma efectivo: una vez gastado, será lo único que perderás. Si tienes suerte, te quedará algo para volver a casa en taxi; si no, puedes disfrutar de un bonito y largo paseo mientras contemplas tus pérdidas.

32. La buena suerte recompensa a los que aprovechan la oportunidad

En la discusión sobre la suerte, Arkad sugiere:

—Ahora, consideremos nuestros negocios y comercios. ¿No es natural, si cerramos una transacción rentable, considerarla no como fruto de la buena suerte sino precisamente como una recompensa a nuestros esfuerzos? Me inclino a pensar que podemos verlas como regalos de la diosa.

Quizás la suerte no sea una cuestión de azar, sino de reconocer y aprovechar al máximo cualquier oportunidad que surja. En efecto, la historia está llena de ejemplos, incluidos los de las oportunidades perdidas...

En 1885, el inventor francés Louis Aimé Augustin Le Prince desarrolló un prototipo de cámara cinematográfica. En 1888, recibió la primera patente en Francia y en Estados Unidos, y en 1890 hizo una demostración ante las autoridades en la Paris Opera House. A pesar de la buena acogida, regresó a su taller para mejorar el dispositivo. Tras este episodio desapareció en extrañas circunstancias, y Thomas Edison es ahora el que más ampliamente se reconoce como el inventor de la cámara cinematográfica. Si Le Prince hubiese aprovechado la oportunidad para dar a conocer su invento después de París, en lugar de buscar la perfección, hubiera sido él y no Edison el que habría pasado a la historia con su invento.

CONCEPTO CLAVE
La suerte es una cuestión de preparación para el encuentro con la oportunidad.

OPRAH WINFREY

Hoy es famosa la oportunidad de comprar Google que Yahoo dejó pasar hace algunos años. Larry Page y Sergey Brin, fundadores de Google, llamaron a su amigo y fundador de Yahoo, David Filo, para venderle su incipiente negocio. Aunque Filo estaba de acuerdo en que la tecnología usada era sólida, decidió no involucrarse en el tema, añadiendo:

—Cuando esté del todo desarrollado y se pueda ampliar, volveremos a hablar.

No obstante, Google encontró la financiación necesaria, y cuando, con el tiempo, se «desarrolló del todo y se pudo ampliar», la oportunidad ya había pasado. En el intervalo de una década Google salió de su garaje y se convirtió en uno de los negocios más exitosos de todos los tiempos, y no ofrece signos de desaceleración.

En mi propia vida, lancé mi carrera como escritora aprovechando una oportunidad. Un amigo mío con el que estaba realizando algunos trabajos me habló de alguien a quien conocía en Estados Unidos que buscaba un escritor que le ayudase a reescribir su manuscrito. En ese momento yo era una consultor de marketing descontenta que albergaba aspiraciones de convertirse en escritora. El hombre en cuestión era Blair Singer –un conferenciante de prestigio internacional especialista en ventas–. Hablé con él, le dije que reescribiría algunos capítulos; si le gustaba el resultado, haríamos el libro, y si no era así, a él no le habría costado nada. Le encantó, y el resultado fue *Vendedores perros*. Hoy ese libro es un éxito internacional incluido en las series *Rich Dad's Advisor* de Robert Kiyosaki.

Por tanto, la buena suerte quizás se describa mejor como la causa y el efecto resultante que tiene lugar cuando se reconocen las oportunidades y se actúa en consecuencia. Como señala Arkad:

—Quizás ella [la Diosa Suerte] realmente nos asiste cuando no apreciamos su generosidad.

MI CONSEJO...

Haz una lista con todos los acontecimientos o circunstancias en los que consideres que hayas sido afortunado o desafortunado en los últimos dos meses. Mirando atrás, ¿puedes trazar una línea entre ellos y algo que hiciste o iniciaste? ¿Es posible que la buena suerte no fuera buena suerte al fin y al cabo, sino el resultado de una buena planificación y el reconocimiento de la oportunidad? ¿Sucede también lo contrario?

33. No te demores: la dilación acaba con la oportunidad

En del tema sobre la pérdida de oportunidades a causa de la dilación, uno de los alumnos de Arkad se lamenta de lo siguiente:

—Nosotros, los mortales, somos cambiantes. Por desgracia, debo decir más propensos a cambiar nuestras mentes para bien que para mal. Para mal, somos tercos y obstinados, y para bien, tendemos a vacilar y a dejar escapar la oportunidad.

Cuando los fundadores de Google, Sergey Brin y Larry Page, no consiguieron despertar el interés del mayor portal de Internet del momento, decidieron avanzar solos. Pero necesitaban dinero. Entonces elaboraron un plan de negocios y fueron en busca de un ángel inversor. La casualidad quiso que en primer lugar visitaran a Andy Bechtolsheim, uno de los fundadores de Sun Microsystems. Sin embargo, no disponía de demasiado tiempo. Después de una presentación de madrugada en un porche en Palo Alto, Bechtolsheim reconoció la fantástica oportunidad que Google ofrecía. Pero como tenía prisa, simplemente sugirió:

—En lugar de discutir los detalles, ¿por qué no os extiendo un cheque?

> **CONCEPTO CLAVE**
> *La dilación es la asesina natural de la oportunidad.*
>
> VICTOR KIAM
> *Hombre de negocios y emprendedor*

Les ofreció un cheque de 100.000 dólares a nombre de Google Inc. Bechtolsheim obviamente no padecía el mal de la dilación. Su visión y perspicacia para apreciar la oportunidad, en especial en el área de la tecnología, le convirtió en uno de los ángeles inversores con más éxito que jamás haya existido.

La rapidez de la respuesta sorprendió a Sergey Brin y a Larry Page. Y aunque aceptaron contentos el cheque, éste permaneció en el cajón de un escritorio durante dos semanas mientras ellos creaban la compañía y abrían una cuenta bancaria en la que poder depositar los fondos. El resto, como ellos mismos dicen, es historia.

Cada libro de negocios de éxito está repleto de historias que exponen las virtudes de aprovechar la oportunidad en contra de la dilación. Pero discernir entre algo que constituya una oportunidad real y algo que deba ser postergado de manera definitiva no es tan fácil como parece. Y bastante menos fácil de encontrar son los ejemplos en los que la dilación realmente haya salvado una fortuna o en los que aferrándose a una aparente oportunidad se haya caído en el desastre.

Es un dilema en el que todavía estoy atrapado. Por ejemplo, se me presentó la oportunidad de vender entradas para la Sydney Bledisloe Cup de 2008 (una competición de rugby entre Australia y Nueva Zelanda). Me dirigí hacia allí decidido a aprovechar la oportunidad y a comprar las entradas aunque fuesen caras. Mi falta de dilación en realidad implicó que tuviera que pagar una suma de dinero significativamente más alta de lo que debería haber pagado. Debo admitirlo, ¡me quedé anonadado durante días! Definitivamente, no es una decisión de vida o muerte –pero reconocer cuándo una oportunidad es en realidad una oportunidad no siempre es tan fácil como nos querrían hacer creer los libros de autoayuda.

No obstante, Arkad nos advierte lo siguiente:

—Al escuchar [la dilación] nos podemos convertir en nuestros peores enemigos.

La fábula nos recuerda que «la oportunidad no espera a nadie. Hoy está aquí; pronto habrá desaparecido. Por tanto, ¡no te demores!».

MI CONSEJO...

La dilación puede ser una reticencia instintiva a involucrarnos, o también puede deberse al miedo. ¿Cómo distinguirías una oportunidad de un desastre potencial? Bien, no te involucres en cosas que no entiendas. Haz tus pesquisas, verifica los detalles, evalúa los riesgos y confía en tus instintos. Esto es válido para Warren Buffett...

34. Demuestra tu valía

En el quinto capítulo de *Las claves del hombre más rico de Babilonia*, «Las cinco leyes del oro», Arkad reaparece de nuevo. «En Babilonia es costumbre, como sabes, que los hijos de los padres ricos vivan con sus progenitores hasta que heredan su legado». Arkad no aprobaba esta costumbre. En su lugar, echó a su hijo Nomasir para que se pusiera a prueba a sí mismo.

«Hijo mío, es mi deseo que tú me sucedas en mi puesto. Pero primero debes probar que eres capaz de ocuparlo sabiamente. Por tanto, me gustaría que salieras al mundo y mostraras tu habilidad tanto para adquirir oro como para hacerte respetar entre los hombres».

Tal vez fueran las dudas surgidas a partir de la difusión de un vídeo sexual en Internet, o las fiestas interminables, o los veintidós días en la cárcel con las promesas de llevar una nueva vida que nunca se materializaron lo que llevó a Barron Hilton a volver a pensarse el reparto de su herencia. Ciertamente, parece que hay pocas pruebas en relación al respeto o a la sabiduría en la gestión de la riqueza en las que Paris, su hija mayor, está involucrada. Aunque nunca se haya confirmado el hecho de que Barron Hilton quedara impresionado con el comportamiento de su hija, en

CONCEPTO CLAVE

Puede que no te sea posible legar a tus hijos una gran herencia, pero día a día, puedes ir tejiendo abrigos para ellos con los cuales se vestirán toda la eternidad.

THEODORE L. CUYLER
Evangelista

diciembre de 2007 anunció que legaría la mayoría de su fortuna, valorada en 1.150 millones de libras, a la Fundación Conrad N. Hilton. Esta decisión redujo la herencia potencial de Paris Hilton de los esperados 50 millones de libras a los 2,5 millones de libras que recibirá «siempre que los sepa gestionar».

En enero de 2008, Nigella Lawson fue crucificada por los medios británicos cuando comentó que lo que hizo se había sacado de contexto. Como resultado, fue acusada de querer desheredar a sus hijos de su fortuna estimada en 15 millones de libras. Cuando la revista *My Weekly* le preguntó qué podían esperar sus hijos de ella, Lawson dijo textualmente:

—Para saber lo que he estado trabajando y que se necesita trabajar para poder ganar dinero, estoy decidida a que mis hijos no tengan seguridad económica. Esto arruina a las personas que no han tenido que ganar su dinero.

Las anécdotas y los hechos históricos le dan por completo la razón. Su creencia de que todo el mundo –sin importar lo ricos que sean los padres– debería aprender las virtudes de tener que trabajar para ganarse la vida es válida y algo que de continuo se repite en el pequeño libro de Clason.

Por suerte para Nomasir, su padre le dio un buen consejo y una bolsa de oro –y después de algunas amargas lecciones, regresó triunfante a su casa diez años después–. Clason destaca en su fábula que si preguntas a la gente si prefiere oro o sabiduría, la mayoría querrá el oro. «Es lo mismo que ocurre con los hijos de los hombres ricos. Dales la oportunidad de elegir entre oro y sabiduría: ¿qué harán? Ignorar la sabiduría y gastarse el oro. Al día siguiente lloran porque no les queda más oro». Así pues, «el oro está reservado para aquellos que conocen sus leyes y las acatan».

MI CONSEJO...

Si has ganado dinero trabajando duro y con creatividad, entonces deberías disfrutarlo. En lugar de echar a perder a tus hijos con limosnas, anímalos a encontrar un trabajo para los sábados o a repartir periódicos. Al menos, dales su paga a cambio de tareas. Cuanto antes aprendan que el dinero no crece en los árboles, más satisfactorio será para ambas partes.

35. Invierte con hombres sabios

Aunque las cinco leyes del oro que se describen en el capítulo homónimo se repitan constantemente, son un importante consejo. Después de que Nomasir perdiera su dinero con los sinvergüenzas, «reconocí la oportunidad de cumplir la tercera ley e invertir mis ahorros con el consejo de un hombre sabio».

La idea 22 nos recuerda lo crédulas que pueden ser algunas personas, pero ¿qué ocurre cuando inviertes con un hombre que debería haber sido sabio?

Sin duda, los que invirtieron en la Société Générale, el segundo mayor banco de Francia, contaban con la seguridad que les aportaba su larga historia y su sólido historial. Casi con seguridad pensaban que los hombres sabios velarían por sus inversiones. Por eso tuvo que ser una gran sorpresa que en enero de 2008 Jérôme Kerviel, un operador de la Société Générale, perdiese él solo 3.700 millones de libras.

Kerviel era un joven vendedor de treinta y un años con un sueldo relativamente modesto: 70.000 libras anuales. Entró en la Société Générale en el año 2000 como empleado con la función de procesar y registrar las operaciones que

CONCEPTO CLAVE
La sabiduría es como la electricidad. No hay hombres siempre sabios, sino hombres capaces de ser sabios, que, tras incorporarse en ciertas empresas, o bajo otras circunstancias favorables, se vuelven sabios durante un breve período de tiempo, como adquiere poder eléctrico el cristal que se frota durante un momento.

RALPH WALDO EMERSON

se llevaban a cabo en el parqué. Se abrió camino hasta obtener un puesto en la mesa de operaciones de futuro donde debía cubrir la posición del banco en los mercados europeos de renta variable. Esto básicamente significaba que, en principio, debía equilibrar el riesgo del banco, de modo que si algo iba mal y se perdía dinero, se pudiese recurrir a otras posiciones para cubrir el déficit. Pero Kerviel sólo estaba operando de un único modo.

Durante un año, había apostado más del total de la capitalización de los movimientos de la banca en el mercado de valores europeo. Había adquirido un profundo conocimiento de los controles de seguridad del banco y, lo más importante, sabía cómo evitarlos. En un principio tuvo bastante éxito, pero no le duró.

El mercado quebró tras el anuncio de un paquete de medidas para la reducción de impuestos, de 150.000 millones de dólares, destinado a impulsar la economía de Estados Unidos. Nerviosos por impedir la recesión causada por el aluvión financiero del problema estadounidense de las *sub-prime*, los mercados de todo el mundo se hundieron y el índice FTSE 100 cayó un 5,5 % en el peor día de pérdidas desde el 11 de septiembre de 2001. La posición de Kerviel empeoró con el deterioro del mercado, con lo que una pérdida potencial de 1.100 millones de libras se convirtió en una pérdida colosal de 3.700 millones de libras.

La prensa estableció un paralelismo natural entre los casos de Kerviel y Nick Leeson –el «operador bribón» responsable del colapso de Barings Bank en 1995–. Éste fue castigado por los 860 millones de libras que perdió y se pasó seis años y medio en una cárcel de Singapur. Ni él ni Kerviel sacaron beneficios personales de sus operaciones. Y a pesar de asegurar que este tipo de cosas nunca volverían a ocurrir de nuevo, volvieron a suceder –muchos «hombres sabios» terminaron sin nada.

Podría parecer que invertir con hombres sabios a veces puede ser peor de lo que es en realidad. Pero como Nomasir nos recuerda que «sin sabiduría, el oro se pierde con rapidez».

MI CONSEJO...

Si inviertes en el mercado de valores, recuerda que a veces las compañías de primera línea también pueden caer. Es mejor diversificar tus inversiones para dividir los riesgos. Piensa también a largo plazo: las pérdidas sobre el papel sólo se convierten en pérdidas reales cuando vendes las acciones.

36. Elige la acción antes que el lamento

«Nuestros actos imprudentes nos persiguen afectándonos y atormentándonos. Por desgracia, no pueden ser olvidados. Al frente de la lista de los tormentos que nos persiguen están los recuerdos de las cosas que podríamos haber hecho, de las oportunidades que nos hemos encontrado y que no hemos aprovechado».

Sin embargo, «nuestras acciones sabias nos acompañan a lo largo de la vida para satisfacernos y ayudarnos», aunque sean las chapuzas las que más parecen perseguirnos.

Di algo sobre el Lunes Negro y la sangre brotará del rostro de cada uno de los más experimentados operadores del mercado de valores. El lunes 19 de octubre de 1987, los mercados de valores de todo el mundo quebraron. Empezó en Hong Kong, se trasladó al oeste a través de las zonas horarias internacionales de Europa y llegó a Estados Unidos, donde 500.000 millones de dólares se evaporaron del índice medio industrial Dow Jones. En el Reino Unido, el FTSE perdió 63.000 millones en valores. Al resto del mundo no le fue mejor; en algunos casos incluso peor. Había muchas teorías sobre por qué ocurrió el desastre, pero todo el mundo estaba de acuerdo en que la psicología de mercado había tenido un papel importante en los hechos. La gente simplemente tuvo pánico.

> **CONCEPTO CLAVE**
> *Deja sólo para mañana aquello con lo que estés dispuesto a morir sin haber hecho.*
>
> PABLO PICASSO

114

Así es; todos, excepto el dinero bien invertido. Los operadores experimentados reconocieron la constante oportunidad inherente al mercado de valores de capitalizar el miedo, la codicia y el comportamiento irracional de las masas. Ellos sabían que a las compañías no les había ocurrido nada negativo –la mayoría de ellas eran más fuertes que nunca y se podrían recuperar–, por lo que las adquirieron a precios muy devaluados. Casi justo lo mismo ocurrió tras el 11 de septiembre: el mercado de valores quebró.

Una imagen más íntima de arrepentimiento y de oportunidad perdida se puede hacer patente muchas noches a la semana en el espectáculo televisivo británico *Deal or No Deal*. Los participantes en el programa eligen una entre veintidós cajas idénticas y selladas que contienen premios que oscilan entre un simple penique y 250.000 libras. El participante elige las cajas que desea descartar del juego y después de cada ronda debe decidir si quiere jugar o aceptar la oferta de la banca. Lo realmente interesante es que algunos de los que aceptan una oferta de 20.000 libras y que después descubren que había una suma de dinero mayor en su caja de hecho parecen más alterados que la persona que termina con un solo penique. Quizás se deba al hecho de saber que han tenido una oportunidad en sus manos y que no la han sabido aprovechar.

Esto confirma el punto de vista de Clason. No son las cosas que hacemos por lo que más nos lamentamos: es por las que no hacemos. Es el lamento por las oportunidades perdidas lo que nos cubre de sudor frío diez años después. Éstos son los momentos que nos pueden amargar con la decepción, instantes de debilidad en los que el miedo se apodera de lo mejor de nosotros y nos acobardamos. Éstos son, por supuesto, momentos en los que podemos dar el paso definitivo y no lo hacemos; en su lugar, cada acto que llevamos a cabo parece conducirnos al fracaso. Es la inacción lo que hiere el alma.

~~~~~~

MI CONSEJO...

Escribe en un pedazo de papel tu mayor remordimiento. Después, redacta en una cara cualquier experiencia positiva que hayas vivido y, en la otra, cosas negativas. Cristalizar la experiencia no sólo te permitirá invocar el tormento para que te impulse hacia delante, sino también darte cuenta de los aspectos positivos que hay en él.

~~~~~~

37. Las riquezas de internet

Mathon es el prestamista de oro de Babilonia. Al recibir una visita, sonríe de manera amistosa:

—¿Qué indiscreciones has cometido para tener que buscar al prestamista de oro? ¿Has sido desafortunado en la mesa de juego? ¿O alguna rolliza dama te ha enredado?

Parece que los hombres se han estado metiendo en problemas desde hace miles de años. Quizás no sea una coincidencia, pues, que al fijarnos en la época actual advirtamos que en Internet los sectores más lucrativos son el juego y el porno...

El auge meteórico del póquer *online* en los últimos años ha asegurado que la única *full house* consistente sea Jugadores Anónimos. Millones de personas están enganchadas a sus monitores de pantalla plana desde primera hora de la mañana, jugando al Texas Hold'em con sus nuevos amigos de lugares tan distantes como Vladivostok, Nueva York o Hong Kong.

> **CONCEPTO CLAVE**
> *Internet se está trasformando en la plaza del pueblo de la villa global del mañana.*
>
> BILL GATES

Aun sin ser considerado un juego tan sexy como el póquer, el bingo está hoy fuertemente arraigado en el escenario del juego *online*. Apareció en 1530, cuando Italia inventó una lotería que consistía en las bases del juego que conocemos hoy. El bingo adquirió su mayoría de edad en el Reino Unido con el Gambling Act de 1968. Favorecido por la cobertura de banda ancha y el plan nacional contra el tabaco, que prohibía a los jugadores exhalar humo mientras rellenaban sus cartones, el resultado ha sido que cada vez más y más gente deserte de las salas de bingo para apostar por las experiencias *online*.

La visión de un rudo jugador sentado solo en un casino siempre había olido a desesperación, pero ha dejado de ser así desde que Internet ha proporcionado un acceso rápido y relativamente anónimo al juego en la intimidad de tu propia casa. No son buenas noticias para muchos, y está cambiando la demografía del juego, con un número creciente de mujeres que se involucran en él.

Las consecuencias pueden ser extremas. En 2007, un director de una escuela británica se suicidó después de haber perdido su casa de 250.000 libras y generado una deuda de más de 100.000 libras con el juego en Internet. Una mujer de Exeter fue enviada a prisión después de robar a su jefe 26.000 libras en cuatro semanas para poder seguir alimentando su adicción al póquer *online* y a las apuestas por Internet.

(Y en cuanto a las «rollizas damas», ¡ya dije que había sitios destinados también a ellas!).

Dejando a un lado el mal gusto, la sordidez y la que simplemente es una completa estupidez, Internet es poco menos que una revolución. Las oportunidades que ofrece para ganar dinero y conectar con el mercado global son espectaculares. Es difícil de creer que la primera página web fuese creada a principios de la década de 1990, aunque su desarrollo haya aumentado de manera exponencial en la última década. Hoy es tan ideal como despreciable; como todo en la vida, plantea una dicotomía, ya que permite a la vez lo mejor y lo peor de lo que es capaz de hacer el ser humano. Al mismo tiempo ofrece acceso tanto a oportunidades incomparables como a una destrucción también sin parangón –y la elección depende de ti.

MI CONSEJO...

Si tienes un negocio debes poseer un sitio web. Busca un software de código abierto como DotNetNuke y Joomla!, que ofrecen gratis o a bajo precio plantillas para elaborar una página web profesional. Es fácil —y las herramientas te brindan un acceso y un control completos, con lo que no necesitas pagar a un experto para corregir cualquier error.

38. ¡Nunca prestes dinero a amigos o a familiares!

En el capítulo 6 de *Las claves del hombre más rico de Babilonia*, «El prestamista de oro de Babilonia», Clason recuerda la historia de Rodan. El rey le había dado cincuenta piezas de oro, y se lamentaba:

—He suplicado cada hora de sol poder viajar cruzando el cielo con aquellos que quisieran compartirlo conmigo.

A Rodan, un fabricante de lanzas, pronto le llueven las peticiones de dinero. En la desesperación buscó el consejo de Mathon, el prestamista de oro de Babilonia. Mathon le dijo a Rodan, al escuchar sus problemas:

—Es natural. Muchos hombres quieren más oro del que tienen y desearían que alguien apareciera con él para repartirlo con facilidad.

Muchos ganadores de los premios gordos de la lotería han experimentado este fenómeno con sus familias, amigos (algunos perdidos hace tiempo y otros por el estilo), desconocidos y buenas causas dirigidas a sacar tajada. Parece que la primera cosa que la mayoría de los ganadores de grandes premios necesitan es un número de teléfono que no aparezca en el listín telefónico. En cuanto a Rodan, su angustia se de-

> **CONCEPTO CLAVE**
> *La experiencia me ha enseñado algunas cosas. La primera es escuchar a tus tripas, sin importar lo bien que suene algo sobre el papel. La segunda es que por lo general eres mejor de lo crees manteniéndote en tu empeño. Y la tercera es que a veces tus mejores inversiones son aquellas que no haces.*
>
> DONALD TRUMP

bía a que su tan querida hermana quería que él le eligiera un marido como si fuera un comerciante. Sólo que el hombre no tenía experiencia como comerciante.

Prestar dinero a la familia y a los amigos alberga muchísimos peligros. Raramente termina bien a menos que de antemano se lleve a cabo una indagación detallada y que la inversión se mantenga bajo control. Sin este control, las expectativas insatisfechas pueden convertirse en problemas: si el negocio sale bien, podría haber discusiones sobre el reparto de los beneficios; si sale mal, entonces las recriminaciones estarán aseguradas. La única manera de navegar con éxito por estas aguas tradicionalmente agitadas es haciendo uso de una diligencia extrema y de una comunicación honesta y abierta.

No deberías invertir nunca en nada sin comprobar bien los hechos y las cifras. Debes estar seguro de que la gente involucrada tenga la experiencia y la habilidad de hacer lo que dicen que harán y que esto lo apliques doblemente a los amigos y a los familiares. No permitas que la lealtad o la emoción nublen tu juicio y tu sentido común.

Debes tener una discusión abierta y honesta con respecto a los detalles de lo que sucederá en el peor de los escenarios posibles, así como en el mejor de los casos. ¿Cómo podrás retirar tu dinero si cambian las circunstancias? ¿Qué sucederá si lo pierden todo? Debes poseer un contrato legal que cubra el pago y los dividendos esperados, y una estrategia de salida. Este tipo de inversiones implica un negocio de muy alto riesgo porque el plano emocional también está involucrado en ellas y se corre el peligro de dañar las relaciones de un modo permanente.

Mathon recuerda a Rodan que «el oro otorga a quien lo posee una gran responsabilidad y cambia su posición social frente a sus compañeros. Despierta el miedo a perderlo o a ser engañado. Produce una sensación de poder y la posibilidad de hacer el bien. Asimismo, también brinda oportunidades que, pese a las mejores intenciones, pueden acarrear problemas».

MI CONSEJO...

No inviertas con la familia y los amigos a no ser que indagues bien sobre la oportunidad y discutas todos los resultados posibles —incluida la pérdida de tu dinero—. Las inversiones deben ser viables y sensatas; si no es así, no te involucres, con independencia de quién te pida que lo hagas.

39. Buena deuda vs. mala deuda

Mathon aconseja a Rodan sobre quién es más probable que pague sus deudas:
—Si te piden un préstamo con intención de ganar más dinero, me parece bien. Pero si lo hacen a causa de sus indiscreciones, te advierto que seas cauto si quieres volver a tener tu oro de nuevo en tus manos.

En nuestros tiempos, esta idea está perfectamente expresada como buena deuda y mala deuda. En principio, la buena deuda es cualquier cosa que te proporcione dinero, así que algo como una inversión en propiedad sería considerada una buena deuda. La idea es simple: compra una propiedad, alquílala y haz que el alquiler pague la hipoteca y genere ingresos residuales. Al final dispondrás de un buen activo y alguien te habrá pagado la hipoteca.

> **CONCEPTO CLAVE**
> *Hoy, existen tres tipos de personas: los que tienen, los que no tienen y los que no han pagado por lo que tienen.*
> EARL WILSON
> *Político*

Es esta idea la que ha generado el *boom* de comprar para alquilar. Durante muchos años, poca gente tenía la intención de poseer más propiedades que la de su propio domicilio. Pero para algunos astutos inversores la propiedad representaba una gran oportunidad. Entonces, el resto de la población cayó en la cuenta de ello y se acuñó la expresión «comprar para alquilar».

Pero las cosas podían ir mal, sobre todo si pagabas una cantidad demasiado alta por la propiedad. En junio de 2008,

Bradford and Bingley, uno de los mayores inversores británicos en comprar para alquilar, anunció que había tenido 8 millones de libras de pérdidas brutas entre enero y abril, comparados con los 108 millones de beneficios obtenidos durante los mismos tres meses en 2007. El desplome del crédito global, la subida de la inflación y la pérdida de confianza del consumidor hicieron, con el paso del tiempo, que el mercado del alquiler dejase de resplandecer. Sin embargo, invertir en propiedad es una estrategia a largo plazo y sigue considerándose una buena deuda.

La mala deuda, por otro lado, es cualquier cosa que no te proporcione beneficios. Así, tarjetas de crédito, tarjetas de compra de grandes almacenes y préstamos inseguros son malas deudas.

El crédito es una parte vital de los negocios. Como dice Mathon:

—Los buenos mercaderes son un valor para nuestra ciudad, y esto me beneficia al ayudarles a mantener el ritmo de negocio que hace próspera Babilonia.

Uno de los problemas tradicionales que afrontan los negocios es disponer de fondos para arrancar o expandirse. Un nuevo negocio no podrá disponer de una buena trayectoria o de valores necesarios para ofrecer a los bancos una garantía, y si un negocio ya se ha establecido desde hace un tiempo, las reglas del crédito pueden dificultar la negociación. Esta dificultad para disponer de efectivo puede conducir al *bootstrapping* –usar tarjetas de crédito personales como recurso para obtener dinero–. Aunque sea tentador, en ningún caso es prudente y constituye una mala deuda.

Mathon advierte de que la mala deuda te hará caer en «un profundo pozo al que uno puede descender rápidamente y donde todo esfuerzo resulta en vano [...]. Es un pozo de dolor y de lamentos que nubla los rayos de sol y donde la inquietud hace infeliz la noche».

MI CONSEJO...

¿Alguna vez has escuchado esto de tus hijos?: «¿Me dejas dinero?». Bien, tal vez te lo devolverán. Si te sientes como un avaro, ingresa el dinero en su cuenta bancaria —pero asegúrate de que te lo devuelvan y, si es necesario, añádele intereses—. Cuanto antes entiendan los hijos que «tomar prestado» significa «pedir prestado», mejor. Y no les des nada más hasta que el crédito esté liquidado...

---

40. Reparte el riesgo

Para aconsejar a Rodan sobre si invertir o no junto a su hermana, Mathon sentencia lo siguiente:

—Si quieres prestar algo del modo en el que puedas obtener más oro, entonces presta con cautela y hazlo en muchos sitios. No me gusta el oro inmóvil, y menos aún un exceso de riesgo.

Cuando empiezas a invertir tienes sobre todo dos opciones: propiedades y acciones. A los entusiastas del mercado de valores por lo general les gusta la accesibilidad, la liquidez y la rapidez de las que disponen en el mercado de valores. Les agrada el hecho de poder vender cuando quieran, ya que siempre hay compradores y vendedores en el mercado. Pueden negociar las veinticuatro horas del día y no tienen que tratar con irritados inquilinos, a los que necesitarían si se hubiesen decantado por la opción de la propiedad. Si saben lo que hacen, usarán complejos instrumentos financieros para proteger sus inversiones, como las opciones.

CONCEPTO CLAVE
Diversifica tus inversiones.

JOHN TEMPLETON
Inversor en valores

Por otra parte, a los entusiastas de la propiedad no les importan ni los techos con goteras ni las calderas rotas, y tienen bastante con «unos cuantos ladrillos y un poco de mortero». Les gusta el hecho de que la propiedad sea tangible, que con un pequeño depósito puedan controlar un activo valioso y usarlo para consolidar su posición y comprar más propiedades. Les agrada hacer que sus propiedades aumenten y ver cómo su valioso activo se revaloriza mientras, en principio, otra persona les paga la hipoteca.

Muchos de los instrumentos de inversión, como los fondos gestionados o los fondos de capital variable, utilizan la variedad con el fin de diversificar los riesgos. Hay incluso fondos inmobiliarios que permiten que te beneficies de ellos teniendo una propiedad o también propiedades comerciales, sin necesidad de ensuciarte las manos.

Los dos mercados –propiedades y acciones– están estrechamente unidos, y a menudo uno prospera a costa del otro en una progresión cíclica entre éxito y fracaso. Ambos tienen un excelente potencial para la gestión de rendimientos y riesgos, sobre todo con vistas a largo plazo.

Como en muchos de estos negocios, el problema de la diversificación y la estimación de los riesgos reside en su ejecución. ¿Cómo evaluar los riesgos de una manera fiable si los métodos que se usan para hacerlo son en principio defectuosos? El hecho de desentrañar la valoración del riesgo de AAA causó, en parte, la euforia financiera de 2007 y 2008. En el pasado, el valor del riesgo en compañías como Standard&Poor o Moody's and Fitch había caído y la clasificación de AAA significaba que la inversión era sólida. La valoración de triple A hacía muy fácil la venta de esa inversión porque la gente suponía que estaba comprando una inversión de bajo riesgo y de rentabilidad media. Pero por desgracia no era así. Los elementos AAA se habían mezclado con bonos basura y, por tanto, su valor se había diluido, aunque seguían clasificándose como AAA. Esto es como comprar un anillo de oro puro y ver que tu dedo se vuelve verde.

Mathon advierte frente a la concentración de riesgo añadiendo:

—Yo ya no voy a conceder más préstamos si no estoy seguro de que me los devolverán.

41. Aléjate de lo que reluzca demasiado

«No te dejes arrastrar por los planes fantásticos de hombres poco prácticos que creen conocer el camino para conseguir que tu oro obtenga unas ganancias excepcionales. Estas ideas son fantasías de unos soñadores inexpertos en las leyes del comercio». Una vez más, Clason advierte contra la avaricia.

A principios de 2008, Credit Suisse causó un gran revuelo en el mercado cuando anunció que tendría que emitir 1.500 millones de libras más de lo esperado debido a «errores en la fijación de los precios». Cuando apareció en las noticias que en realidad había sido una «intencionada negligencia», Credit Suisse debió de experimentar una incómoda sensación de *déjà vu*.

En lo que respecta a los «planes fantásticos de hombres poco prácticos», Credit Suisse recibió su merecido. En 1999 despidió a tres operadores por manipular el mercado en su intento por lograr ganancias «extraordinariamente altas». Quizás el trío que se hacía llamar los Flaming Ferraris descubrió alguna pista de la inminente ruina después de alguno de sus habituales cócteles *after-hours*.

> **CONCEPTO CLAVE**
> *La ambición supone el mismo error respecto al poder que la avaricia respecto a la riqueza. Se empieza por acumular poder como un medio para alcanzar la felicidad, y se acaba por seguir acumulando como un fin en sí mismo.*
>
> CHARLES CALEB COLTON
> *Clérigo y escrito*

De éste y de incontables escándalos más se culpa, de manera conveniente, a profesionales deshonestos. ¿Pero en realidad están sorprendidos? Nadie se quejó con lo que Nick Leeson, un auténtico comerciante sin escrúpulos, hizo con los millones de Barings Bank. Él no tenía por qué estar haciendo nada malo y nadie se preguntó si los beneficios que declaraba eran posibles. ¿Y qué decir de Jérôme Kerviel, de la Société Générale? ¿Cómo puede alguien perder 3.700 millones de libras sin que se le haga ninguna pregunta?

En marzo de 2008, la Autoridad de Servicios Financieros emitió una declaración para tranquilizar al mercado. Sospechaba que un pequeño número de operadores estaba difundiendo rumores de manera deliberada para causar el pánico, provocar así la devaluación del precio de las acciones y poder beneficiarse de ello. Este comportamiento sin escrúpulos provocó que las acciones del Halifax Bank de Escocia (HBOS) cayeran un 17%.

Según Roger Steare, profesor de ética organizativa en la Cass Business School de Londres, se debe a que dentro del sector de los servicios financieros existe sistemáticamente una moral corrupta. Con seis –y siete– cifras de comisiones en juego es inevitable que alguna persona, en algún lugar, llegue demasiado lejos. El sistema casi lo garantiza. No existen responsabilidades personales. En principio, se está arriesgando el dinero de otra gente, sin consecuencias personales ante los errores y con impresionantes recompensas cuando las operaciones salen bien. Tal vez la dirección rehúse hacer muchas preguntas cuando hay ganancias –en especial con unas ganancias excesivas y casi imposibles.

Incluso Mervyn King, el gobernador del Banco de Inglaterra, culpó a los incentivos excesivos. Y añadió que esperaba que las instituciones financieras hubiesen aprendido la lección y aceptaran que aquél debía de ser un momento de cambio después de la crisis financiera de 2007 y 2008. Así que olvídate de ideas fantásticas y en lugar de eso «sé precavido, conserva bien lo que esperas ganar para poderlo mantener y disfrutar así de tu tesoro».

42. Grandes beneficios conllevan grandes riesgos

«Invertir el oro con una promesa de ganancias usureras es invitar a las pérdidas. Intenta asociarte con hombres y empresas que ya tengan éxito para que tu tesoro salga ganando con su habilidad y permanezca en un lugar seguro protegido por su sabiduría y experiencia».

Como hemos visto en las ideas anteriores, cuando se trata de alto riesgo y grandes beneficios no hay ningún otro lugar como el mercado de valores. Para los inversores profesionales que en realidad saben lo que están haciendo, el mercado de valores ofrece grandes comisiones con unos riesgos mínimos —aunque pueda ser peligroso para cualquiera.

La aparición de los seminarios sobre inversiones en el mercado de valores ha dado lugar en el mercado a un gran número de hombres ansiosos por hacerse ricos, hipnotizados por las promesas de riquezas incalculables. Recuerdo mi asistencia a uno de estos seminarios muchos años atrás centrado en particular en el concepto de las opciones. Me resultó increíble que existiese un lugar en el mundo donde pudieras vender algo que no fuese tuyo y conseguir grandes cantidades de dinero con ello. Lo que no me explicaron en el seminario es la rapidez con la que también puedes perder dinero usando las opciones...

> **CONCEPTO CLAVE**
> *No intento saltar por encima de vallas de dos metros; busco a mi alrededor escalones de centímetros por los que pueda pasar por encima.*
>
> WARREN BUFFETT

Básicamente, una opción es el derecho, pero no la obligación, de comprar o vender acciones a un determinado precio en el futuro. Pongamos, por ejemplo, que las acciones de XYZ Co están a 24 libras, pero yo creo que el mercado está en alza. Podría adquirir una opción de compra que expirara en un mes a un precio de 25 libras y pagar una prima al emisor o al vendedor del contrato por este privilegio. Al cabo de un mes, compruebo el mercado y si el precio de la acción ha subido, por ejemplo, a 26 libras, entonces ejerzo mi opción a comprar esas acciones y gano 1 libra por la diferencia. Lo que es de locos es que la persona que me vendió la opción ¡no tenía por qué ser realmente la propietaria de esas acciones! Así que cuando ejerzo la opción y consigo mi libra por acción, el emisor de ese contrato ha perdido 25 libras por acción porque él o ella debía comprarlas en el mercado abierto para completar la compra según contrato. Esto puede parecer poca cosa, pero si se tiene en cuenta que cada contrato se realiza por un mínimo de 1.000 acciones, advertirás lo económicamente letal que puede convertirse.

En la cima del potencial de beneficios, las opciones también te permiten controlar acciones por una fracción del precio por el que en realidad se están comprando. Es necesario decir que su «promesa de ganancias usureras» en efecto invita a las pérdidas ¡con una gran velocidad! Como muchos inversores noveles han podido descubrir, el coste de las opciones puede ser muy malo y sus consecuencias tener lugar de un modo en exceso rápido. Si quieres usarlas, haz lo que Arkad advierte que hagas e «intenta asociarte con hombres y empresas que ya tengan éxito».

43. ¿De qué color ves el mundo?

En el capítulo 8 de *Las claves del hombre más rico de Babilonia* nos encontramos con Dabasir, el comerciante de camellos. Está conversando con Tarkad, quien posee su dinero y el de otros, y que no ha comido durante días. Dabasir pregunta:

—¿Piensas que todo el mundo podría ver a un hombre de un color diferente del que es?

Como Tarkad, Dabasir había dado muchas excusas sobre por qué no pagaba sus deudas. Él también había visto «el mundo a través de una piedra de colores y no se dio cuenta de la degradación en la que [él] había caído». Antes de ser un afamado comerciante de camellos había huido de sus deudas, abandonando Babilonia en busca de soluciones fáciles, y, por último, había sido vendido como esclavo.

No existe ninguna receta para el éxito o la felicidad. Existen ejemplos de éxito y fracaso en cada ámbito de la vida. Hay gente que ha nacido entre lujos y privilegios y que no ha hecho nada con esta oportunidad. También hay gente como Oprah Winfrey, quien, a pesar de nacer en la pobreza, conquistó una industria dominada por hombres blancos y hoy es una de las mujeres más influyentes de todos los tiempos. También es millonaria. Hay también personas como W. Mitchell, que ha sufrido accidentes y ex-

> **CONCEPTO CLAVE**
> *Si no cambias tus creencias, tu vida será siempre como ahora. ¿Son buenas noticias?*
>
> DR. ROBERT ANTHONY
> *Conferenciante y escritor*

periencias horribles y ha salido adelante –tuvo un accidente de moto que le quemó más del 65 % del cuerpo–. Después de recuperarse de esta terrible experiencia, sufrió un accidente de avión que lo dejó paralítico. Mitchell nos cuenta que «no es lo que te ocurre, sino lo que haces al respecto lo que verdaderamente importa». Y él bien lo tiene que saber.

En su viejo libro, el clásico *La ciencia de hacerse rico,* Wallace D. Wattles nos recuerda el poder de nuestras actitudes y creencias: «Dado que la creencia es lo más importante, te corresponde preservar tus pensamientos, y como tus creencias se forman a partir de un gran número de cosas que observas y sobre las que piensas, es importante que las dirijas con cuidado hacia aquello en lo que prestas atención. Si quieres ser rico, no debes hacer un estudio sobre la pobreza. Las cosas no se hacen realidad pensando en lo contrario».

Todas las creencias limitadoras que tienes sobre lo que es posible conseguir se convertirán en tu cárcel y teñirán tu modo de ver el mundo –si se lo permites–. Cambiar tu vida para mejor depende mucho más de tu actitud y determinación que del propio talento, habilidad o suerte.

Y esto empieza a aparecer cuando crees que el cambio es en realidad posible.

Dabasir explica a Tarkad su propia historia y cómo trasformó su vida cuando «las lágrimas brotaron en los ojos del joven, que se levantó con entusiasmo: "Me has mostrado una visión; ahora siento cómo el alma de un hombre libre crece en mi interior"».

Escribe «la gente rica es...» en un pedazo de papel; añade la primera cosa que te venga a la mente. Lee la frase en voz alta y sigue anotando todas aquellas palabras o frases que se te ocurran. Repítelo en otro trozo de papel, ahora con «la gente pobre es...». Esto podría arrojar luz sobre algunas de tus creencias sobre el dinero. ¿Te ayudan a crear riqueza?

44. No huyas de las deudas

La amante de Dabasir le regaña diciéndole:

—Si permites que los años vayan pasando y no haces ningún esfuerzo por pagar tus deudas, es que tienes el alma desdeñable de un esclavo. Ningún hombre es más que nadie si no puede respetarse a sí mismo, y ningún hombre puede respetarse a sí mismo si no paga sus deudas.

Tarkad estaba explicando su historia cuando Dabasir dijo:

—Cuando era joven y no tenía experiencia, no sabía que quien gasta más de lo que gana siembra vientos de autoindulgencia, que son innecesarios, y de los cuales seguro que vas a recoger torbellinos de problemas y humillaciones. Así que me di el gusto de tener vestidos buenos y comprar lujos para mi esposa y para nuestra casa, por encima de nuestras posibilidades.

Según las propias estadísticas de muchos estados de Europa, por ejemplo, un gran número de individuos han vivido por encima de sus posibilidades; como resultado, pasaron a ser insolventes en el primer trimestre de 2008. Para algunos, la insolvencia es la única solución; para demasiados es una solución fácil después de años de endeudamiento sin «hacer ningún esfuerzo por pagar».

La gran mayoría de las insolvencias eran el resultado de préstamos personales y tarjetas de crédito que se habían usado

CONCEPTO CLAVE

¿Qué se le puede añadir a un hombre que es feliz, que tiene salud, que no arrastra deudas y que tiene la conciencia tranquila?

ADAM SMITH
Filósofo y economista

sin control, y las consecuencias de una manera de vivir sistemáticamente por encima de sus posibilidades. Pero la quiebra debe considerarse el último recurso, no como un modo de «librarse de la cárcel» de la tarjeta. Y la situación se espera que empeore con la introducción de las Debt Relief Orders en Reino Unido, por ejemplo, que permitirán a los deudores con bajos ingresos declararse insolventes *online*, sin pasar por el tribunal de la bancarrota ni hacer frente a las complicaciones y los gastos habituales relacionados con la insolvencia.

No te dejes engañar. La bancarrota afectará de manera negativa a la posibilidad de obtener recursos en el futuro, del mismo modo que existirá un gran número de opciones profesionales de las que serás excluido. Sin embargo, podrás seguir gestionando el dinero de otras personas en la industria de los servicios financieros, ¡o incluso convertirte en un miembro del parlamento inglés! La mejor solución para el Reino Unido, hablado en términos de estigma y respeto propio, es lo que se conoce como Individual Voluntary Agreement (IVA). Son contratos más flexibles que permiten al deudor cancelar parte de su deuda y negociar con el acreedor para poder devolver el resto en el período de tiempo que se acuerde.

Aunque no todas las quiebras deberían meterse en el mismo saco. Muchos emprendedores famosos, entre ellos H. J. Heinz, Walt Disney o Milton Hershey y su imperio de chocolate, fueron insolventes antes de conseguir su fortuna. En realidad, existe algo muy noble en el hecho de tener dificultades financieras con un riesgo calculado atreviéndote a darlo todo por tu negocio. Mucho más que en el hecho de comprarte otro par de zapatos y salir a cenar fuera cada día de la semana una con «autoindulgencia innecesaria».

Debasir se dio cuenta de que huir de sus deudas no las borraba y que éstas desgastaban su integridad y su autoestima.

Así que regresó a Babilonia, pagó todo lo que debía y se convirtió en un rico comerciante de camellos.

MI CONSEJO...

Si tienes dificultades económicas, busca el asesoramiento de alguien sin ningún interés personal en la posible solución. Las compañías que ofrecen préstamos podría parecer la solución que te conviene, pero puede que no sea lo que más te interesa. A menudo, los préstamos hacen que aumente el tiempo en el que seguirás siendo deudor.

45. La determinación lo resuelve todo

«¡Muere en el desierto! ¡No yo! Encontramos el camino hacia Babilonia porque el alma de un hombre libre mira la vida como una serie de problemas que debe resolver y los resuelve, mientras que el alma de un esclavo lloriquea: "¿Qué puedo hacer yo, que no soy más que un esclavo?"».

A Dabasir le ofrecieron de manera deliberada la posibilidad de escapar con la amante con la que había entablado amistad –y la tomó–. Mientras estaba en el desierto, cayó en el agotamiento tras días sin agua y sin comida. Pero algo se movió dentro de él y aprovechó su propia determinación. Fue responsable de sus actos y se hizo la promesa a sí mismo no sólo de sobrevivir sino también de pagar sus deudas y prosperar.

Wallace D. Wattles habla de la importancia del poder de la voluntad y la determinación en su libro *La ciencia de hacerse rico:* «Cuando sabes qué pensar y qué hacer, entonces debes usar tu voluntad para obligarte a ti mismo a pensar y a hacer las cosas correctas [...], usarla para mantenerte en el camino correcto. Usa tu mente para formarte una imagen mental de lo que quieres y mantén esa visión con fe e intención».

Estoy segura de que, tras su quiebra, para H. J. Heinz, Walt Disney y Milton Hershey podría haber resultado tentadora la posibilidad de renunciar. Cada uno de estos nombres es sinó-

CONCEPTO CLAVE
No importa que seas derribado. Lo importante es que puedas ponerte de nuevo en pie.

VINCE LOMBARDI
Entrenador de fútbol estadounidense

nimo de calidad y son famosos en sus respectivas industrias. Cada uno sigue siendo recordado como lo que había sido, un brillante emprendedor que tan sólo no quiso renunciar.

James Allen nos recuerda en su libro *Como un hombre piensa, así es su vida* que «el mayor logro fue, en primer lugar y durante un tiempo, un sueño. El roble duerme en la bellota; el pájaro espera en el huevo; y en la mayor visión del alma se agita un ángel de la guarda. Los sueños son las semillas de la realidad. Tus circunstancias pueden ser desagradables, pero no permanecerán durante mucho tiempo ahí si eres capaz de percibir un ideal y te esfuerzas por alcanzarlo».

George S. Patton, general del ejército estadounidense durante la segunda guerra mundial, dijo una vez: «Debes ser resuelto. Déjate llevar sólo por una cosa que te hayas resuelto lograr. Y si se ve como algo que puedas conseguir, cualquier persona, incluso aquellos a los que considerabas tus amigos más leales, se entrometerán [...] para hacerte tropezar, para ennegrecer y romper tu espíritu.

No les permitas hacerlo. Debes comprometerte con tu decisión y no permitir que nada te desvíe del camino».

Como la gente con éxito, Dabasir «encontró su propia alma cuando advirtió una gran verdad» y tuvo la «sensatez de comprender su mágico poder: cuando hay determinación, el camino puede ser hallado».

MI CONSEJO...

¿Qué problema de tu vida te gustaría resolver? Sea el que sea, lo primero es el compromiso. Olvida el hecho de culpar a las demás personas o instituciones; no ganarás nada con gimoteos. Sé responsable de tu situación, con independencia de quién sea culpa, y la determinación te ayudará a encontrar tu propia solución.

---

46 La importancia de fijarse metas

«Yo, Dabasir, hace poco regresado de la esclavitud en Siria, determinado a pagar mis deudas y a convertirme en un hombre de medios digno de respeto en mi ciudad natal de Babilonia, grabo aquí sobre el barro un recuerdo permanente de mis asuntos para que me guíe y me asista en la consecución de mis más altos deseos».

En noveno capítulo de *Las claves del hombre más rico de Babilonia,* podemos leer cómo Dabasir trasforma su vida y pasa de la esclavitud a convertirse en un hombre de negocios respetado y rico. Dabasir tal vez no se dio cuenta de ello en ese momento, pero cuando escribió sus intenciones en una tablilla de barro, estaba aprovechando el poder de su mente con lo que en el sector del desarrollo personal se conoce como «establecerse metas».

CONCEPTO CLAVE
Si no sabes adónde vas, puedes terminar en cualquier sitio.

YOGI BERRA

Existen muchas razones de por qué al adquirir un compromiso y documentarlo nos será más sencillo lograr nuestro objetivo. La primera razón pertenece a la lógica: debes saber hacia dónde diriges tus objetivos, porque de otro modo puedes terminar en un lugar por completo distinto. La segunda razón es del todo biológica.

Hay una parte del cerebro que se llama sistema de activación reticular (SAR), que, además de otras cosas, decide en qué debemos centrar nuestra atención. El experimento del gorila en la idea 6 ya nos mostró que no advertimos todo lo que sucede

143

a nuestro alrededor y que aquello de lo que nos damos cuenta depende de en qué centremos la atención en cada momento. También sabemos que estamos siendo bombardeados con datos a través de los cinco sentidos, cada minuto y a diario, y que si fuéramos conscientes de todo ello nos volveríamos locos. Sólo nos damos cuenta de manera consciente de lo que nuestro SAR considera importante.

Si te fijas una meta, te conviertes en el que dirige este proceso de filtración y te comprometes con tu posesión más preciada: tu mente. Fijar metas manifiesta uno de los poderes mentales más impresionantes, el de prestar atención a situaciones, circunstancias y oportunidades que pueden acercarte a tu objetivo. Si conseguir más dinero es tu meta, entonces el SAR escaneará tu entorno y te proporcionará información y oportunidades para que obtengas más dinero. El SAR está trabajando cuando decides comprar un modelo concreto de vehículo y de repente ves ese mismo automóvil en cada calle. Estos utilitarios siempre han estado ahí; eras tú el que antes no los advertía.

¿Recuerdas la idea 32, en la que hablé sobre cómo me convertí en escritora? No había estudiado para ser escritora y no sabía cómo conseguir trabajo, pero de todos modos me fijé esa meta, y con ello informé a mi SAR de que debía estar atento a la información y las circunstancias que me permitieran alcanzar esa meta. Entonces, cuando tuve una conversación relacionada con ello con un amigo, fui capaz de ver la oportunidad y aprovecharla.

En nuestros días, un bolígrafo y un papel pueden reemplazar las tablas de arcilla, pero el significado de fijarse metas es tan importante hoy como lo era para Dabasir más de 8.000 años antes.

Sea lo que sea lo que quieras lograr, debes fijarte metas INTELI-GENTES. Deben ser específicas, mensurables, actuales, realistas y temporizadas. Por ejemplo, una meta INTELIGENTE sobre la cuestión económica podría ser: «Es 17 de julio [tiempo]; gano 200.000 libras netas [específica y medible]». Está escrita en un tiempo verbal presente (actual) y es posible (realista).

47. El plan de Dabasir para recuperarse de la deuda

Mathon, el prestamista de oro de Babilonia, aparece de nuevo ofreciendo a Dabasir una solución probada y garantizada para liquidar sus deudas y acumular riqueza:

—Dos décimas partes de todo lo que he ganado deberán ser divididas honorable y justamente entre aquellos que confiaron en mí y con los cuales estoy en deuda.

Dabasir se alegra de aprender que «primero, el plan tiene que proporcionarme una prosperidad futura. Por eso, una décima parte de todo lo que gano debe ser apartada para mi propio ahorro». Quizás esto sea lo que más gente olvida. Si todo el dinero del que alguien dispone se destina a mantenerse acorralado por las deudas, entonces el sentimiento de desesperación puede hundir todos sus buenos esfuerzos. Por eso es importante mantener la primera regla de pagarse a uno mismo incluso cuando estamos liquidando deudas.

> **CONCEPTO CLAVE**
> *No hay más que dos caminos para pagar la deuda: aumentar la producción para incrementar los ingresos, y potenciar el ahorro para corregirla.*
>
> THOMAS CARLYLE
> *Escritor*

Entonces se le dice a Dabasir que viva con menos. «Por eso siete décimas partes de todo lo que gano las uso para tener un hogar, ropa para vestirme y comida para alimentarme, con algo extra para gastar, para que nuestras vidas no se queden sin placer ni diversión». Y las dos décimas partes restantes se emplean para liquidar las deudas. Dabasir graba los nombres de toda la gente a la que le debe dinero en una tabla de barro junto a la cantidad que adeuda. Después, cada mes debería poder darle a su esposa siete décimas partes, ahorrar una décima parte y distribuir las dos partes restantes de manera equitativa entre las personas a las que debe dinero.

Esta estrategia requiere que hables con la gente a la que le debes dinero y que negocies un acuerdo. Como Dabasir, puedes encontrar algunas resistencias o personas que están impacientes por recibir lo que se les debe. No obstante, la mayoría de organizaciones apreciará tu intención y acordará un modo de cobro. Con las deudas aclaradas, redistribuye las dos décimas partes de tus ingresos para pagar a los adeudados restantes y finalmente habrás saldado tus deudas, asumiendo, por supuesto, que has roto tus tarjetas de crédito y de compra en grandes almacenes y que no añades nada más a la deuda pendiente mientras intentas liquidarla –y asumiendo también que no solicitas ningún crédito a un vendedor puerta a puerta...

A mediados de 2004, el Consejo Nacional del Consumidor ([en inglés] NCC) del Reino Unido presentó una «gran queja» ante la Oficina de Comercio Justo contra la creciente industria del crédito puerta a puerta, la cual posee un valor estimado de miles de millones de libras. La investigación del NCC descubrió que el 80 % de los prestatarios no tenían ni idea del interés que estaban pagando –que era de una media del 177 %, ¡y algunas personas estaban siendo gravadas con un a todas luces extraordinario 900 % de interés!–. Aunque parezca increíble, no se trata de bandas mafiosas de prestamistas-tiburones armados con bates de béisbol y pasamontañas, sino que son empresas de servicios financieros supuestamente reputadas. Como el ganador del premio Nobel, Pearl S. Buck, afirma de manera elocuente, «un hombre estaba perdido si acudía a un usurero, porque el interés se abalanzaba sobre él tan rápido como un tigre».

Usa el sencillo plan de Dabasir para salir de tu endeudamiento y «así, a su debido tiempo, todas las deudas seguro que quedarán saldadas».

MI CONSEJO...

Si tus dos décimas partes no son suficientes para liquidar tus deudas con rapidez, sé creativo. Busca en tu armario y toma todas las prendas que no te hayas puesto en un año. Saca fotografías, escribe descripciones que animen a comprarlas y ofrécelas en eBay. Usa el dinero que consigas para liquidar tus créditos de una manera más rápida.

---

48. Actúa

Uno espera que el pasado hable de romances y aventuras –como *Las mil y una noches*–. Cuando, en su lugar, da a conocer el problema que tiene una persona llamada Dabasir para pagar sus deudas, uno se da cuenta de que las cosas en este mundo no han cambiado tanto como se podría esperar en los últimos cinco mil años.

En el capítulo 9 de *Las claves del hombre más rico de Babilonia*, «Las tablillas de barro de Babilonia», Clason incluye una carta de Alfred Shrewsbury, del Departamento de Arqueología de la Universidad de Nottingham, escrita en 1934. En ella le cuenta al profesor Caldwell, al hablar sobre las excavaciones en Babilonia, lo muy impresionado que estaba por el estado en el que se hallaban las tablillas que recibió, y lo sorprendido que se encontraba al ver que contenían, entre otras cosas, consejos sobre el pago de las deudas. Como muchas otras personas, Alfred Shrewsbury, sea realidad o ficción, era un hombre que había tenido una buena educación y un buen trabajo y, sin embargo, él y su esposa se habían visto atrapados en la espiral de la deuda.

CONCEPTO CLAVE
El momento de actuar es ahora. Nunca es demasiado tarde para hacer algo.

CARL SANDBURG
Escritor e historiador

En su rompedor libro *El millonario de al lado*, Thomas J. Stanly y William D. Danko descubren que la mayoría de la gente está totalmente equivocada sobre la riqueza. La riqueza no es lo mismo que los ingresos. Si, como Alfred Shrewsbury, tienes unos buenos ingresos anuales pero te lo gastas todo, no te estás enriqueciendo. La riqueza es aquello que acumulas, no aquello que gastas. Los dos autores también descubrieron que la riqueza pocas veces reside en la suerte, en las herencias, en los títulos superiores o incluso en la inteligencia, sino que es el resultado del trabajo duro, de la perseverancia, la planificación y sobre todo la autodisciplina.

Las deudas no son una cuestión de clase, sino que están relacionadas con la educación y la información. Por desgracia, no se nos enseñan los efectos catastróficos que tienen las deudas sobre nuestra capacidad de crear riqueza. Aunque nuestros padres hayan luchado contra los mismos problemas que nosotros, es poco probable que nos hayan enseñado algo positivo sobre cómo gestionar el dinero. El tema, sin duda, tampoco se trata en la mayoría de las escuelas. Por tanto, no disponemos de la información necesaria para poder apreciar lo perjudicial que puede ser la deuda —sólo hace falta ver los que tienen un préstamo sin tener ni idea de qué intereses están pagando.

Lo que hizo a Alfred Shrewsbury distinto de la mayoría es que él adoptó medidas siguiendo el buen consejo que recibió —aunque fuera de la vieja Babilonia—. No hace falta decir que se sorprendió gratamente con su eficacia. Aunque él ya no era joven, fue capaz de prosperar, «y todo con el mismo salario —escribió—. Pagamos nuestras deudas poco a poco, al mismo tiempo que nuestros ahorros aumentan. Además, ahora nos arreglamos mejor que antes en la economía. ¿Quién habría dicho que existía tanta diferencia entre seguir un plan y dejarse llevar?».

La carta terminaba diciendo: «Nos gustaría expresar nuestro agradecimiento personal a ese individuo cuyo plan nos ha salvado de este "infierno en la tierra"».

150

Si tienes deudas, sigue el plan de Dabasir. Guarda una décima parte de tus ingresos mensuales, vive con siete décimas partes —haz un presupuesto para asegurarte de que lo haces— y paga tus deudas con las dos décimas partes restantes. Habla con tus acreedores, pregúntales si van a apoyarte en tu intento y acordad el plazo de tiempo para los pagos.

49. ¿Adónde va tu dinero?

En el capítulo final del pequeño libro de Clason encontramos al «hombre más afortunado de Babilonia». «Al ver los anillos y pendientes de aquel hombre joven, pensamos de él: "Se cree que las joyas son para los hombres, aunque conserve el rostro rudo de su abuelo. Pero su abuelo no vestía esos trajes chillones"».

En esta fábula oímos hablar de Sharru Nada, el príncipe de los mercaderes de Babilonia que viaja con el arrogante nieto de su muy respetado socio en los negocios Arad Gula. Hadan Gula, según su padre, ha dilapidado su herencia, y Sharru Nada quiere ayudarle a reconocer su error antes de que sea demasiado tarde. La ropa y los accesorios llamativos no constituyen aparentemente ningún problema añadido, ya que en Babilonia, lo mismo que en la actualidad, los hombres modernos eran tan culpables de este tipo de excesos como las mujeres.

De acuerdo con los analistas de investigación de Mintel, sólo la industria de los productos de aseo masculinos en el Reino Unido, por ejemplo, estaba valorada en unos asombrosos 685 millones de libras en 2008, una cifra que aumentó hasta los 821 millones de libras en el perío-

CONCEPTO CLAVE

No estoy metido en asuntos de dinero. Sólo puedes dormir en una única cama a la vez. Sólo puedes comer una comida al mismo tiempo, o estar en un único vehículo a la vez. Entonces, no es necesario que tenga millones de dólares para ser feliz. Todo lo que necesito es ropa sobre mi espalda, una cena decente y un poco de amor cuando lo quiera.

RAY CHARLES

do de un año. La investigación realizada por robots indicaba que los cosméticos masculinos son el sector de la industria de cosmética y belleza que experimenta un mayor crecimiento, al aumentar un 800 % desde el año 2000. Los hombres gastan muchísimo dinero en productos para el cuidado del cabello, lociones para el afeitado y productos para el cuidado de la piel. Las revistas para hombres ejercen hoy la misma presión para alcanzar la perfección que las mujeres han soportado durante décadas. Querer aparentar ser súper estrellas sin los ingresos de éstas tiene consecuencias. Estoy a favor de que los chicos cuiden su aspecto, pero personalmente prefiero hombres que sean hombres, y si un chico se toma más tiempo que yo para arreglarse, entonces hay algo que va muy mal...

La fábula habla sobre los méritos de trabajar en la creación de un propósito de vida y sobre cortar tu abrigo de acuerdo con tu ropa. Gasta dentro de tus posibilidades. No hay nada malo en querer cosas bonitas. A Sharru Nada le gustaban demasiado «las ropas finas, vestir piezas caras y hacerse nuevas túnicas. Le agradaban las pieles suaves y montaba con agilidad su enérgico semental arábigo». Pero se había ganado el derecho a disfrutar de ello con su trabajo duro y sabiendo gestionar su dinero. Puede que no anheles tener inmediatamente un enérgico semental, pero hasta que no puedas permitirte pagar la ropa de diseño sin usar tu tarjeta de crédito no te la compres. ¿Qué problema hay si no dispones de los últimos atuendos de diseño? Si tus amigos te juzgan por la ropa que vistes necesitas nuevos amigos, ¡no un traje nuevo!

Sharru Nada nos recuerda que la verdadera riqueza en raras ocasiones se muestra a través de signos de riqueza ostentosos, y que la juventud y la inexperiencia a menudo pueden confundir ambas cosas, aunque «tu abuelo no lleve joyas». Él había ganado su fortuna con su trabajo duro, mientras que su desagradecido nieto creía eso de que «el trabajo se hizo para los esclavos».

MI CONSEJO...

En lo referente a la ropa, gástate el dinero en prendas básicas y convenientes para tu armario. Centra tu atención en la calidad más que en el precio, y recuerda que algo no es necesariamente mejor por ser más caro.

50. Las manos voluntariosas ganan dinero

«¿Pero cómo podía él, con sus ideas despilfarradoras y sus manos enjoyadas, ayudar a unos jóvenes tan superiores? Podía ofrecer mucho trabajo a trabajadores voluntariosos, pero no podía ofrecer nada a quien se considerase demasiado bueno como para trabajar. Sin embargo, se lo debía a Arad Gula; tenía que hacer algo y no sólo intentarlo a medias».

Sharru Nada quería que el nieto de su amigo tomase conciencia antes de que dilapidara totalmente su herencia. Por eso le contó su historia y cómo había sido esclavo una vez…

En esos tiempos era posible convertirse en esclavo por muchas razones, a menudo por motivos ajenos al individuo. En el caso de Sharru Nada, había pagado las imprudencias de su hermano con su libertad, y fue vendido a un comerciante de esclavos. Allí conoció a un hombre llamado Megiddo, quien le recalcó una y otra vez el valor del trabajo:

> **CONCEPTO CLAVE**
> No creo que el trabajo haya destruido a nadie. Creo que la falta de trabajo destruye muchísimo más.
>
> KATHARINE HEPBURN

—Algunos hombres lo detestan. Lo convierten en su enemigo. Es mejor que lo trates como un amigo, hacer que te quiera. Que sea duro no debe importarte. Cuando quieres construir una buena casa, no te importa si las vigas son pesadas o si el pozo del que sacas el agua para el yeso está lejos. No podrás salir adelante evitas el trabajo.

Las cuestiones relativas a la inmigración son complicadas, y, sin duda, un país como el Reino Unido, por ejemplo, se enfrenta a muchos desafíos relacionados con la política de inmigración. Estos problemas, a mi parecer, se deben sin duda, en buena parte, al gran número de incentivos a los que cualquiera puede acceder tras su llegada al país. A diferencia de otros lugares, como Australia, donde los inmigrantes saben que no tendrán acceso a las prestaciones durante los dos primeros años, el Reino Unido agita su talonario y pregunta: «¿Cuánto quieres?».

A la vez, mucha gente se queja de que los inmigrantes tienen trabajos británicos, y seguro que existen algunos ejemplos de ello, pero en la mayoría de los casos realizan trabajos que los británicos no quieren desempeñar. En el documental de la BBC *The Poles are Coming*, emitido en marzo de 2008, las diferencias éticas en el trabajo se hacen muy patentes... Un hombre procedente de Polonia trabajaba las veinticuatro horas del día recogiendo calabazas por 7 libras la hora en Peterborough. Mientras, algunos individuos de la misma localidad se beneficiaban de su trabajo bebiendo cerveza a mitad de la jornada y quejándose de que «los extranjeros les roban el trabajo»; pero ellos no querían ese tipo de trabajos y, obviamente, «se consideraban demasiado buenos como para trabajar en esas condiciones».

Ganar dinero sin hacer nada no es bueno para el alma; hace perezosas a las personas y las deja sin dignidad. Como seres humanos, progresamos siendo útiles, encontramos el sentido de nuestros objetivos y obtenemos nuestros valores con el trabajo duro –además de ser el mejor remedio para satisfacer a un bolsillo vacío.

Megiddo nos recuerda que «el trabajo bien hecho compensa al que lo realiza, lo convierte en alguien mejor».

MI CONSEJO...

Si estás sin trabajo, haz algo. Busca una organización en tu zona y hazte voluntario, ayuda en el hospital de tu municipio o echa una mano a la gente mayor que está sola en casa. Además de ofrecerte una perspectiva distinta de la vida, te sentirás mejor y podría conducirte a tu próximo trabajo. Los empresarios saben reconocer a los que están dispuestos a ir un poco más allá.

51. Los comienzos humildes no detienen a nadie

«Mientras tanto, confió en mí. Algo que nunca habría sospechado.

—Porque no sabes que yo también soy un esclavo. Estoy asociado con mi amo.

—Para –pidió Hadan Gula–. No escucharé mentiras en las que se difame a mi abuelo. Él no fue un esclavo.

Sus ojos ardían en ira».

Sharru Nada permaneció en calma. «Le honro por haberse sobrepuesto a su infortunio y haberse convertido en un líder de la ciudad de Damasco. ¿Estás tú, su nieto, hecho de la misma pasta? ¿Eres tú suficiente hombre para afrontar la verdad, o en lugar de eso prefieres vivir bajo falsas ilusiones?».

En el libro de Clason, Sharru Nada, Arad Gula y Dabasir, el comerciante de camellos, todos han sido esclavos, pero han terminado siendo ricos mercaderes y respetados pilares de la sociedad babilónica.

CONCEPTO CLAVE

Si las condiciones de vida no dejan de mejorar en este país, nos vamos a quedar sin orígenes humildes para nuestros grandes hombres.

RUSSELL P. ASKUE
Escritor

Queremos pensar que estos personajes de éxito tuvieron un inicio privilegiado; las cajas de las que tomaron sus entradas al nacer les proporcionaron acceso a oportunidades a las que nosotros estamos excluidos. Esto nos reconforta, porque si aceptásemos la verdad, que en ningún caso fue así, entonces no tendríamos ninguna excusa para nuestra pobre existencia. En la última fábula de Clason, se enfatiza de nuevo la irrelevancia de nuestro pasado respecto a nuestro futuro.

Existen incontables ejemplos de individuos que tuvieron inicios humildes y que soltaron las amarras de las expectativas de su educación para obtener éxito y riqueza. Duncan Bannatyne es seguramente más conocido como uno de los cinco emprendedores del espectáculo televisivo británico *Dragon's Den*. Aunque la lista de los más ricos de 2008 de *Sunday Times* estimara su riqueza en 310 millones de libras, el imperio empresarial de Bannatyne empezó a la edad de veintiún años, cuando compró una furgoneta de helados por 450 libras. En pocos años expandió el negocio y lo vendió por 28.000 libras. Desde entonces ha estado relacionado con hogares para ancianos y guarderías, y hoy es la mayor mutua de salud del Reino Unido.

Sir Alan Sugar es también un habitual de la pequeña pantalla en la versión británica del éxito televisivo estadounidense de Donald Trump *The Apprentice*. Sir Alan empezó desde unos comienzos humildes en el este de Londres, y hoy se estima que su fortuna asciende a 830 millones de libras. Empezó su carrera de negocios vendiendo antenas para automóviles y artículos eléctricos con una furgoneta que había comprado con sus ahorros de 100 libras.

Visión, determinación, pasión y persistencia dictaminarán tu éxito mucho más que cualquier circunstancia aleatoria. Clason nos invita a que consideremos lo siguiente: «Si un hombre posee en su interior el alma de un esclavo, ¿no se convertirá en uno de ellos, sin importar qué nacimiento tuvo, del mismo modo que el agua busca su nivel? Si un hombre posee en su interior el alma de un hombre libre, ¿no se convertirá en alguien honorable y respetado en su propia ciudad a pesar de su infortunio?».

MI CONSEJO...

Si crees que las circunstancias de tu vida te impiden lograr tus sueños, entra en Internet y busca la lista de los más ricos de Sunday Times. Muchos de los hombres más ricos del Reino Unido, por citar un ejemplo, no empezaron sus vidas con una cuchara de plata en sus bocas. Si no tienes nada con lo que empezar, tampoco tienes nada que perder: ¿no merece la pena intentarlo?

52. La importancia del espíritu emprendedor

Sorprendido por el sabio consejo de Megiddo, Sharru Nada se puso precio ante el panadero local en una subasta de esclavos:

—Se quedó impresionado por mi voluntad y empezó la negociación [...]. Al final, con gran alegría para mí, el trato se cerró. Seguí a mi nuevo amo pensando que era el hombre con más suerte de Babilonia.

Sharru Nada aprendió de su nuevo amo, Nana-naid, las técnicas del horneado, y pronto estaba realizando todas las tareas de manera animada. Sharru Nada sugirió que podría hornear algunos pasteles de miel extras y venderlos por las calles. El panadero accedió, y así entró en el mundo de los negocios. Aunque sólo guardaba una cuarta parte de sus beneficios, estaba contento de, al fin y al cabo, ganar algo, y así sembró la semilla de su éxito futuro.

CONCEPTO CLAVE
La industria es el alma de los negocios y la pieza clave de la prosperidad.

CHARLES DICKENS

Mostró el ingrediente más esencial de la riqueza: un espíritu emprendedor. Los negocios eran, y siempre lo serán, el mejor modo de obtener dinero. Una vez conseguido, ese dinero debe ser invertido –pero nada sustituye a la empresa en la generación de ingresos.

Uno de los mayores atractivos de los negocios son las ventajas fiscales que ofrecen. Si alguien está empleado por otros, en

161

su trabajo primero deberá deducir sus impuestos de su salario y luego recibirá la cantidad restante. Si un día esta persona decide hacerse empresario, entonces la secuencia de sucesos cambia. Si un autónomo o un propietario de un negocio emplea a gente, él o ella puede trabajar y recibir dinero primero, y luego deducir todos los gastos del negocio para finalmente pagar sus impuestos. Este orden puede significar una gran diferencia para tus posibilidades de crear riqueza.

La gente entra en los negocios por muchas razones. A veces, el motivo procede de fuera a causa del desempleo o la imposibilidad de hallar alternativas de trabajo. En otros casos, las motivaciones internas, como un enfado con el jefe, con las políticas de la oficina, o el claro reconocimiento de una oportunidad de negocio pueden ser suficientes para desencadenar el cambio. A menudo las mujeres entran en los negocios porque les ofrecen muchas más posibilidades de dirigir y una mayor flexibilidad para compaginar las obligaciones familiares, o simplemente porque están cansadas de golpearse en la cabeza contra un «techo de cristal». Sea cual sea el motivo, apostar por los negocios no es para los débiles de corazón. Pero si puedes hacer frente a lo incierto y aprendes a manejar la batuta, entonces encontrarás mejores caminos que conducen a la riqueza. El trabajo duro y la empresa son una poderosa combinación.

Hadan Gulan pregunta:

—¿Había funcionado la llave secreta de mi abuelo para los shekeles de oro?

—Él era la única llave que tenía cuando lo conocí —responde Sharru Nada—. Tu abuelo disfrutaba trabajando. Los dioses apreciaron sus esfuerzos y le recompensaron con generosidad.

Cuando Hadan Gula escuchó la historia sobre cómo su abuelo había conseguido su riqueza, «tiró sus joyas, se quitó los adornos de las orejas y los anillos de los dedos. Entonces detuvo a su caballo, se quedó atrás y avanzó con un profundo respeto por detrás del líder de la caravana».

MI CONSEJO...

Revertir el riesgo es una gran manera de levantar un negocio. Pregúntate qué problemas o miedos tienen tus clientes con tu industria y asegúrate contra ello. Por ejemplo, los fontaneros raramente aparecen cuando dicen que lo harán. Un nuevo fontanero podría promocionar su negocio como «Garantizo que llegaré a tiempo o el servicio será GRATIS».

Conclusión

El dinero es una parte esencial de la vida. Por desgracia, junto con muchas de las habilidades vitales realmente importantes, no se nos enseñan cosas sobre él en la escuela. En su lugar, aprendemos trigonometría, latín... Hoy mucha gente incluso desconoce lo que significa frugal, de manera que no importa cómo practicar la frugalidad. En vez de eso, se nos anima a gastar hoy y a sufrir mañana. Y sufrir es lo que hacemos. De acuerdo con los samaritanos, la tasa de suicidios en el Reino Unido, por ejemplo, alcanza su pico cada año a mediados de enero, cuando la factura navideña de las tarjetas de crédito golpea con fuerza. Sí, el dinero es importante, pero nunca lo es tanto.

El pequeño libro de Clason está repleto de perspicacia y sabiduría sobre la erradicación de la deuda y la acumulación de riqueza. Y mientras que la fábula y los personajes pueden cambiar, los mensajes centrales no lo hacen. Estos mensajes están articulados de manera sucinta en el capítulo 5, «Las cinco leyes del oro».

Las cinco leyes del oro

I. «El oro acude con facilidad, en cantidades siempre más importantes, al hombre que reserva no menos de una décima parte de sus ganancias para crear un bien en previsión de su futuro y del de su familia».

II. «El oro trabaja con diligencia y de forma rentable para el poseedor sabio que le encuentra un uso provechoso, y se multiplica incluso como los rebaños en los campos».

III. «El oro permanece bajo la protección del poseedor prudente que lo invierte según los consejos de hombres sabios».

IV. «El oro escapa de las manos del hombre que invierte sin fin alguno en empresas que no le son familiares o que no son aprobadas por aquellos que conocen la forma de utilizar el oro».

V. «El oro huye del hombre que lo fuerza en ganancias imposibles, que sigue el seductor consejo de defraudadores y estafadores o que se fía de su propia inexperiencia y de sus románticas intenciones de inversión».

«Para aquel que no conoce las cinco leyes, el oro no acude a menudo y se va con mucha rapidez. Pero para aquel que las acata, el oro llega y trabaja como su esclavo más obediente».

Para ser un libro sobre la riqueza, las fábulas de Clason a menudo hablan más sobre ética y moral de lo que lo hacen sobre el dinero. Él, obviamente, está interesado en mostrar que el dinero es sólo un medio para un fin y no un fin en sí mismo. La acumulación de riqueza es un ejercicio noble cuando la intención de fondo es el deseo de disponerse a servir, trabajar duro y añadir valor para que tú y tus seres queridos disfrutéis de una seguridad financiera. Sin embargo, no hay nada noble, sino sólo avaricia, cuando la acumulación de riqueza se produce a costa de todo lo demás.

¿Cuándo es suficiente? ¿En qué momento la ostentación indignante, innecesaria y narcisista de riqueza se vuelve ofensiva? Existe una competencia no expresada, por ejemplo, para poseer el yate más grande del mundo. El dinero que se gasta en esta rivalidad entre egos podría tal vez salvar millones de vidas en África si se suministraran pastillas contra la malaria (¡y sobraría dinero!). ¿Hasta qué punto deberíamos sentirnos ofendidos por la gente que malgasta el dinero intentando desmentir la relación inversamente proporcional que existe entre la medida de su yate y la medida de su pene? ¿Qué tipo de sociedad hemos creado cuando tales excesos son admirados en vez de ser ridiculizados?

Si te sientes estresado y miserable porque tu deuda se te ha escapado de las manos, o si sólo quieres descubrir cómo asegurar tu futuro económico, *Las claves del hombre más rico de Babilonia* puede ser, en efecto, tu salvación. No sucederá de la noche a la mañana, pero si empiezas ahora y te aseguras de enseñar a tus hijos sus lecciones, entonces quizás puedas ayudar a distribuir un poco más equitativamente la riqueza en el mundo.

Material de referencia

IDEA 1

ROBBINS, Anthony, *Unlimited Power,* pág. 19. (Traducción en castellano: *Poder sin límites*).

IDEA 3

CRAINER, Stuart, *The 75 Greatest Management Decisions ever made... and some of the worst*, pág. 224. (Traducción en castellano: *Las 75 mejores decisiones tomadas en gerencia*).

IDEA 4

HOWARD, Christopher, *Three Steps to Wealth and Power*, págs. 78-79.

IDEA 6

HECHT, Jeff, «Invisible gorilla steals Ig Nobel Prize», *New Scientist,* 1 de octubre de 2004.

IDEA 7

BROOKE, Chris, «Rags to riches: The lottery winners who blew his £10 million jackpot –and is now £2 million in debt», *Daily Mail,* 11 de febrero de 2008.

IDEA 8

RATNER, Gerald, *The Rise and Fall... and Rise Again.*

IDEA 11

HILL, Napoleon, *Think and Grow Rich.* (Traducción en castellano: *Piense y hágase rico*).

Britain's Got Talent, página web, 2008.

ALLEN, James, *As a Man Thinketh*. (Traducción en castellano: *Como un hombre piensa, así es su vida*).

IDEA 12

ROHN, Jim, *Seven Strategies for Wealth and Happiness*, pág. 12. (Traducción en castellano: *Siete estrategias para alcanzar riqueza y felicidad*).

IDEA 13

«Key Facts about The National Lottery», Camelot Press Office, 31 de marzo de 2007.

THARP, Paul, «IMF: $1T In Subprime losses», *New York Post*, 9 de abril de 2008.

IDEA 14

LOUTH, Nick, «Billonaires and their taxes», *Money*, 14 de septiembre de 2007.

«Check your tax code you may be entitled to a refund», *Bytestart*, página web.

«Have you paid too much tax through PAYE?», página web del gobierno británico.

IDEA 15

«Debt Facts and Figures –Compiled 1st February 2008», *Credit Action*, página web.

IDEA 16

«Debt Facts and Figures –Compiled 1st February 2008», *Credit Action*, página web.

IDEA 17

«Key Facts about The National Lottery», Camelot Press Office, 31 de marzo de 2007.

IDEA 18

«This is the red button», página web.

IDEA 19

«The Endowments Problem», *Which?,* página web.

«Q&A: Endowment mortgage shortfall», BBC Noticias, página web.

IDEA 22

«Nigeria Scams "cost UK billions"», BBC Noticias, 20 de noviembre de 2006, página web.

DAMON, Dan, «Turning the tables on Nigeria's e-mail conmen», BBC Noticias, 13 de julio de 2004, página web.

IDEA 24

ARCHER, Faith, «Borrowing six times your salary», *Daily Teleggraph*, 14 de abril de 2007.

IDEA 27

CAVE, Andrew, «Barclays chief brands credit cards a rip-off», *Daily Telegraph,* 17 de octubre de 2003.

«Debt Facts and Figures –Compiled 1st February 2008», Credit Action, página web.

«Money Sickness Syndrome could affect almost half the UK population», *Axa Media Centre Press Release*, 20 de enero de 2006.

IDEA 28

«The Tax Guide», página web.

IDEA 29

MORRISON, Richard, «Just why are the British so stingy?», *Times Online,* 20 de febrero de 2008.

CICUTTI, Nic, «False charity: is our generosity being wasted?», *MSN Money*, 12 de abril de 2007.

Loomis, Carol J., «Warren Buffett gives away his fortune», *Fortune Magazine*, 25 de junio de 2006.

IDEA 30
Gatto, John T., *The Underground History of American Education.*

IDEA 31
British Gambling Prevalence Survey 2007, National Centre for Social Research.
Report: Gambling or Gaming Entertainment Or Exploitation?, The Church of England Ethical Investment Advisory Group, febrero de 2003.

IDEA 32
Google corporate website. Información de la historia de la corporación.

IDEA 33
Google corporate website. Información de la historia de la corporación.

IDEA 34
«Bad heir day: Paris Hilton to inherit just £2,5 million as grandfather pledges bulk of fortune to charity», *Daily Mail online,* 29 de diciembre de 2007.
Rohrer, Finlo, «Handing it down», *BBC News Magazine,* 30 de enero de 2008.

IDEA 35
Lichfield, John, «Le Rogue Trader: Financial world left stunned by £3.7bn fraud», *Independent,* 25 de enero de 2008.

IDEA 36
«On this day», BBC Noticias, 19 de octubre de 1987.

IDEA 37

«Headmaster hanged himself after racking up online gambling debts», *Daily Mail Online,* 20 de septiembre de 2007.

GOODMAN, Matthew, «Online bingo jackpot is on the cards», *Sunday Times*, 20 de mayo de 2007.

DE BRUXELLES, Simone, «Online poker addict for a year», *The Times,* 31 de diciembre de 2005.

IDEA 41

FOWLER, Susan, «Credit Suisse expects to post quarterly loss after "misconduct" by traders», *International Herald Tribune,* 20 de marzo de 2008.

CLARK, Nick, «Credit Suisse fuels fear of new wave of losses», *Independent,* 21 de febrero de 2008.

DUNCAN, Gary; Gilmore, Grainne, «Mervyn King: Banks paying price for their greed», *The Times,* 30 de abril de 2008.

IDEA 43

WATTLES, Wallace D., *The Science of Getting Rich.* (Traducción en castellano: *La ciencia de hacerse rico*).

IDEA 44

«Runaway debts leave thousands high and dry», *Daily Telegraph,* 26 de julio de 2006.

GRIFFITH, Joe, *Speaker's Library of Business Stories Anecdotes and Humour,* pág. 93.

ALLEN, James, *As a Man Thinketh.* (Traducción en castellano: *Como un hombre piensa, así es su vida*).

IDEA 46

ROBBINS, Anthony, *Unleash the Giant Within,* pág. 289. (Traducción en castellano: *Despertando al gigante interior*).

IDEA 47

«Doorstep lenders under scrutiny», *BBC Canal de Noticias,*
14 de junio de 2004.

IDEA 48

STANLEY, Thomas J.; DANKO, William D., *The Millionaire
Next Door*, pág. 2. (Traducción en castellano: *El millonario de al lado*).

IDEA 49

HOWDEN, Sarah, «Who said beauty is only for women?»,
Scotsman, 12 de junio de 2008.

IDEA 50

«The £7-per-hour jobs locals don't want», *BBC Canal de Noticias*, 11 de marzo de 2008.

Índice analítico

Índice